個人投資家
たけぞう

# 50億稼いだおっさんが教える 月5万稼ぐ株投資

はじめに

## 今の相場、まずは月5万円を目指しましょう

はじめまして。「たけぞう」の名前で活動をしている個人投資家です。**約30年間、証券会社に勤務し、ディーラーとして50億円の収益を上げ**、会社に貢献しました。2018年、辞職し、現在は個人投資家としてトレードをする傍ら、セミナーの講師や評論活動などをしています。

証券会社勤務時代にはさまざまな経験をしました。ITバブル崩壊、リーマン・ショック、アベノミクス景気などなど、好不況の波に揉まれ、儲かったことも、大損をしたこともあります。

そのような経験から、みなさんに株式投資をするうえで、重要なこと、心構えなどをお伝えできればと思っています。

本書は**株式投資をこれから始めたい、トレードをしているがなかなか利益を上げら**

**れない、ファンダメンタルズ分析に興味はあるが何から勉強していいかわからない……というど素人や初心者のみなさんに、わかりやすく取引の手法を説明**しています。投資対象となる銘柄の選びかた、売買のタイミング、そして何より大切なリスク管理について私の経験を例にあげながら説明しました。体験からのアドバイスですから、きっとみなさんがトレードをするうえでお役に立つはずです。

ゼロ金利時代といわれる現在。銀行に預金しているだけでは0・02％の金利しか期待できません。しかし、株式投資ではそれ以上のパフォーマンスを上げることが期待できます。資産を増やしたい、月給のほかに収入を増やしたいと考えるなら、株式投資はお勧めできる資産運用だと思います。

しかし、誤解をしないでほしいことがあります。

いっとき、「億り人」という言葉が流行しましたが、それは日本経済が右肩上がりだったころのこと。このところの日経平均株価などを見ると上昇につぐ上昇とはいかなくなっています。

株式投資もこのような状況にあった手法を取るべきです。**億り人をめざしてリスクの多い投資をするより、企業の業務内容や業績を調べ、少しずつ利益を積み重ねてい**

**く投資を心がけてほしい**と思います。

素人や初心者が1億円を目指すなんて、目標が高すぎます。とりあえず月収10万円いや、**本業とは別に月収3万円稼げただけで成功、5万円を稼げたら大成功**です。

投資では自分で納得できる投資先を見つけ、売買することが大切です。ですが、それはなかなか難しいものです。とくに初心者は何を根拠にどこに投資していいのか迷うことも多いでしょう。

## たけぞう流投資3つのポイント

そこで本書では、たけぞう流3つの投資ポイントを紹介しています。キーワードは次。

**①「アリの視点」投資法**
**②「タカの視点」投資法**
**③徹底したリスク管理**

### ①「アリの視点」とは？

「ここの焼き肉うまいじゃん！」
「この行列何？　このお店、流行ってるの？」
「このサイトのサービス斬新だね」

といった、あなたが普通に暮らしていて、「！」や「？」を感じる瞬間はあると思います。**こういう身近な驚きや疑問をお金に換えるメソッドを紹介していきます**。詳しくは50ページから紹介しています。この手法で、第二のペッパーフードサービスやワークマンを探していってください。

### ②「タカの視点」とは？

そういった生活者（＝アリ）の視点と同時に、国策を考えているトップの視点、タカの視点を持って投資を行ってください。

たとえば、２０１９年を振り返ると、次のようなワードを見かけたことありませんか？

・5G
・ペイペイなどのキャッシュレスペイメント

キャッシュレスペイメントは、消費税増税後は特に街中で見かける機会も多いと思いますが、こういう「その年の投資トピック」は、前もって決まっているのです。

たとえば2019（令和元）年6月21日発表の「成長戦略実行計画案」項目に目を通していくと「全都道府県における5Gサービスの開始」、「5G整備計画を加速する」、「利便性の高いキャッシュレスペイメント手段を実現する」といった文言が並んでいます。今さら、

「5Gについて勉強しよう」
「キャッシュレスペイメントの有力企業を調べよう」

などとはじめても、後手に回っている印象を受けますが、その年の国家予算に組まれているトピックを先回りして知識を身につけ、銘柄群の業績を調べておく。そうす

れば、投資の風下ではなく、風上に立てます。この手法は63ページから詳しく記していきます。「難しそう」なんて思わないでください。経産省や財務省、首相官邸ホームページで公表している特定資料で概略をつかむことが可能です。**「役所のサイトなんて見たことないよ」という人もわかるレベルで紹介するので、ご安心を。**

**③徹底したリスク管理**

しかし、どんなに納得して選んだ銘柄でも、ときには自分の予測と異なる方向に株価が動いてしまうこともあります。そこで大切なのがリスク管理です。しっかりとしたリスク管理ができる投資家になれるよう、リスクに対する考え方、撤退するタイミングも説明しています。

**投資の世界では「100%儲かる」などということはありえません。**好業績や成長性から判断した50の企業に投資しても、そのすべてが上昇して、投資家に利益をもたらすとはいえないのです。なかには株価が下落して、損を覚悟で撤退するケースもあります。

儲けと損失。

トータルのなかで、いかにプラスを出していくか――これが勝てる投資家になれる前提だと思います。

ここまで市況や私の投資手法についてザックリ説明してきましたが、ここから私の経歴を紹介いたします。

## 自己紹介　記録的ストップ安も回避できたディーラー時代

私は１９８８（昭和63）年4月、中堅の証券会社に入社し、上京しました。そのころは個人がインターネットで株取引をするなんて考えられない時代でした。日本での本格的なインターネット取引は私の入社から10年後の１９９８（平成10）年になってからです。松井證券（現松井証券）が最初にネットによる取引を始め、その後、ＤＬＪディレクトＳＦＧ証券（現楽天証券）、マネックス証券、ソフトバンク・ノロンティア証券（現ＳＢＩ証券）などのネット証券が次々に創業していきます。

今では株式投資といえばほとんどの人がインターネットでの取引を思い浮かべるのではないでしょうか。

私が入社したころの株取引はどのようなものだったのかというと、売買注文の発注から約定は、コンピューターだけではなく「人」も行っていました。

証券会社各社は証券取引所に社員を派遣して、取引業務を行っていたのですが、その株式売買を行うところを「立会場（たちあいじょう）」といいます。私は、立会場１５０銘柄のうち約40銘柄を担当していました。

また立会場に派遣された社員を「場立ち」と呼んでいました。

しかし、ネット証券の創業などでコンピュータによるシステム売買が主流となった1999（平成11）年4月に立会場は廃止されました。

ちなみに、現在、ニューヨーク証券取引所には場立ちが残っています。

さて、私が入社したのはそんな時代でした。

入社した理由は高校の先輩に誘われたからです。証券会社は給料がよくて、かなりの高給取りもいるというウワサをどこかで聞いていたのだと思います。それで声をかけられたとき、入社を承諾したようなものです。実際、入社してみたら、そんなことはありませんでした。

特別に株に興味があったというわけではないのです。株の勉強をしたのは証券会社に入社してからです。

入社して4年間は場立ちを経験しました。

## 先輩や後輩から株取引の基礎を学んだ場立ちの経験

場立ちには120社ぐらいの証券会社の社員がいて、取引所が開いている間、朝から晩まで一緒です。ですから、自社以外の証券会社の先輩の仕事を見ることができます。大きく張る局面、細かく張る局面、それが銘柄によっても異なるとか、仕手筋が買う銘柄とか、対処の仕方とか、さまざまな先輩の仕事を数多く見て、取引の基礎を学びました。

そして先輩からは**「周りに流されて、焦って買うな。売買の基本は安く買って高く売ることだ」**とずっといわれ続けていました。仕事を学ぶだけでなく、他社の社員とのつき合いも生まれます。破天荒な人や生真面目な人、人間味あふれる人、いろいろな人がいて、時には励ましてもらったり、悩みを聞いてもらったり、大げさな言い方ではなく、社会人として生きていく上で必要なことを少なからず教えてもらいました。

現在はすべてがシステム化され、クリックひとつで売買ができる時代になってしまいましたが、日本の株式市場を支えて盛り上げてきた先輩たちのことを忘れてはいけないと思っています。

## ディーラーを務めた24年間で50億円の利益を上げる

場立ちをしていたころからディーラーが憧れでした。

証券会社には自らが株の売買をして利益を上げる業務があります。そのさい、投資する銘柄の選択からエントリー、決済までを任されるのがディーラーです。

場立ちの業務をこなしながら、私はディーラーを目指していました。

そんなとき、上司に営業活動につけといわれ、郷里の山口県に戻されそうになりました。しかし、どうしてもディーラーになりたかった私は東京に残りたいと訴え、その希望を知っている場立ちの同期や先輩もかけあってくれ、なんとか残ることができたのです。

仲間のありがたさを実感しました。そして、なんとしても「やりたい」ことがあれば簡単に諦めず、強固な意志で相手を説得すれば報われると知ったのです。

こうして私はディーラー業務につくことができました。そして24年間、ディーラーを務めることになりました。その24年間で約50億円の収益を上げたのです。

**ディーラーは会社から運用資金を与えられ、すべて自分の裁量で業務にあたります。**

**一番多いときには、10億円の運用資金を任されていた**ものです。

それだけに責任は重大です。

メンタルがボロボロになったことも、過呼吸になったこともあります。

そういう状態になるときは損失が原因とは限りません。プラスになっていても、突然、過呼吸が襲ってくることもありました。

多分、ポジションをいっぱいいっぱいに持っているときに責任感やプレッシャー、余裕のなさからなるのでしょう。

## ストップ安の記録をその寸前でかわす

私が入社して場立ちをしていたときはちょうどバブルの時代、そしてディーラー時代はITバブルの時代でした。

ITバブルはアメリカで1990年代から2000年初頭にかけておこったIT関連企業の株価高騰による好景気です。日本でもほぼ同時期にITバブルが起こっています。

そのころはＩＴ関連銘柄でワンショット1億、2億の取引をしていました。銘柄を選ぶときに普通なら、その銘柄の株価が割安か、割高かを示すＰＥＲやＰＢＲなどの指標を調べ、その数値を見て売買を判断するのですが、その数値を気にしていたら、買えません。ほとんどが割高といっていいほどに高騰していたからです。ですから、怖いとは思いながら、値動きのよい銘柄を売買していました。

そのひとつに光通信（９４３５）がありました。バブルの崩壊と時期を同じくして２０００（平成12）年3月31日から4月27日まで20営業日連続ストップ安をつけたのです。**これは今でもストップ安の記録**になっています。

バブル絶頂期に24万１０００円だった株価は連続ストップ安で1万３８００円まで下落したのです。

**この驚異的な急落をかわすことができたのが、ディーラー在職中、もっとも印象に残っているトレード**です。

急落前に決済できたのは『日経ビジネス』という雑誌の記事のおかげでした。そこに光通信の架空契約に関する記事が載っていたのです。

これを読んで、私はすぐに取引を止めました。その後、業績の大幅下方修正、赤字

## 記録的暴落を回避できたディーラー時代

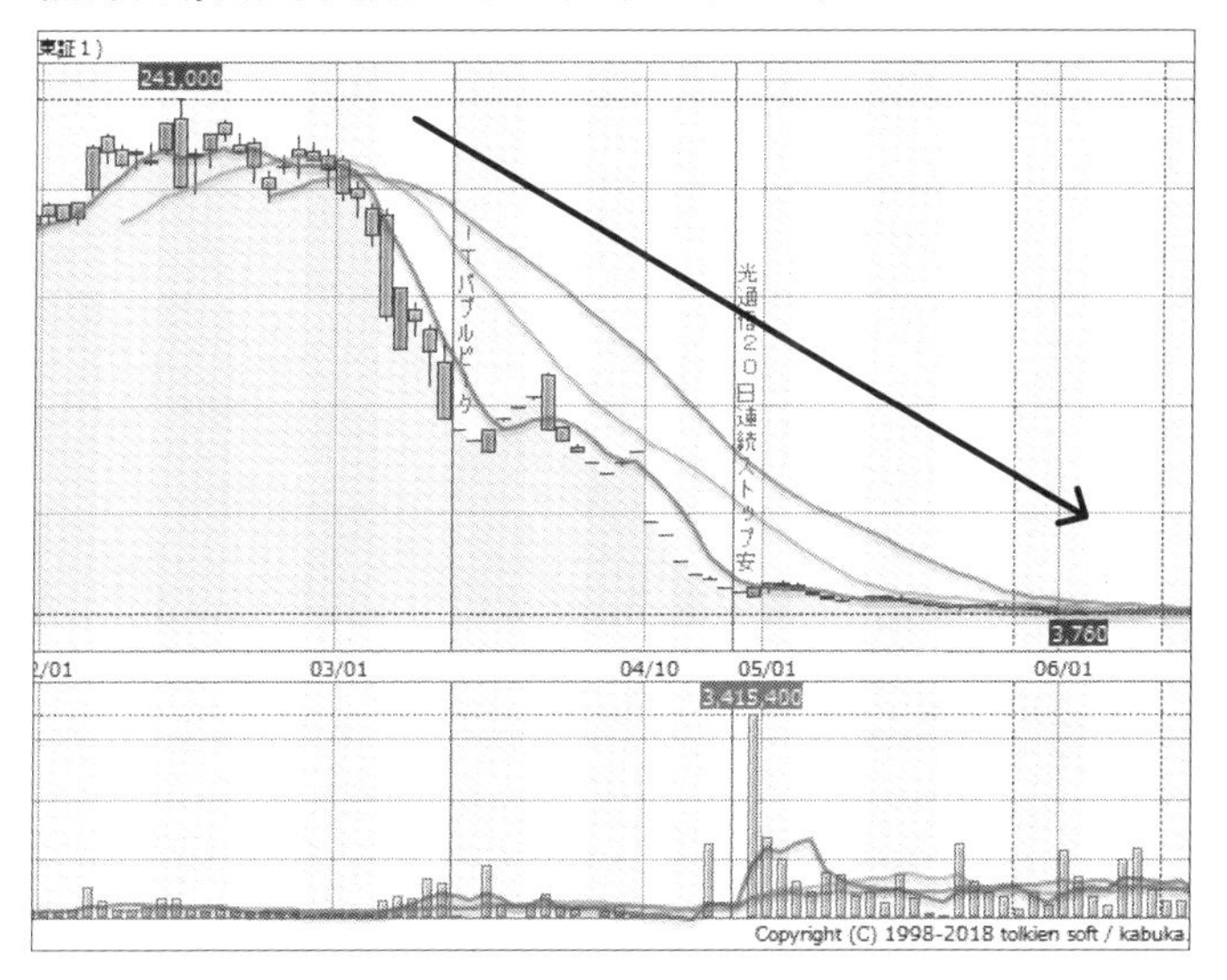

この驚異的な急落をかわすことができたのが、ディーラー在職中、もっとも印象に残っているトレードです

転落が発表され、それが投資家に嫌気され、記録的な連続ストップ安をつけたというわけです。

このストップ安に巻き込まれ、多大な損失を出し、解雇されたディーラーもいました。

今はインターネット上にも膨大な情報があふれています。情報にふりまわされるのはよくないと思いますが、質のいい情報を仕入れて投資に生かすことは意味のあることだと思います。

私がツイッターを発信しているのも、投資活動をしているみなさんに、政治・経済、海外の動きなど、投資に活用できる情報を提供しようと思っているからです。

## 退社後は専業トレーダーとして活動

私は2018（平成30）年8月に勤めていた会社が証券業から撤退することになり職を辞し、専業トレーダーとして独立しました。

独立したといっても、会社勤めのころと行っていることは同じです。

違うことといえば、セミナーやメールマガジンの発行、ツイッターの発信などを行っていることです。

現在は自宅でトレードをしています。

モニターは3台ぐらいです。前日のアメリカ株の動向、自分が興味のある銘柄や決算が出た銘柄などの動きをチェックしています。

**一日中、モニターに張り付いてトレードすることはまずありません。**業績のいい銘柄を3日から1週間で売買しています。時にはデイトレードも行いますが、1、2銘柄ぐらいです。

株を始める人は一度、市場が開く9時、大引けの3時前に株価の動きを見てみるといいかと思います。値動きの速さがわかるはずです。

これほど早くお金が動いているのだと実感することは大事だと思います。株取引はゲーム感覚で始めても、ゲームとは違い、資産管理がきちんとできないと損失が膨らみ退場になる世界だと自覚できるからです。

さて、ここでちょっと私の趣味を。高校時代は野球部でサードを守っていました。勤めていた証券会社にも野球部があったので社会人になってからも続けていました。

プロ野球は広島カープファンです。

8年前ぐらいから、ボランティアでサッカーの審判をしています。辞職してからは小学生にサッカーを教えたりもしています。

株とはまったく関係のない趣味を持つのは、気分転換になります。

読者のみなさんも、さまざまな趣味があると思いますが、株から離れてリフレッシュできる時間を持つのはいいことだと思います。

……と、いろいろと自己紹介を書いてきましたが、ようは、こう思ってくれれば十分。


単なる「株好きのおっさん」と！

私に親しみを感じ、アドバイスを投資活動に生かしていただければ幸いです。
では、前置きはこれくらいにして勝てる投資家になれるヒントをお伝えしていきましょう。

Contents

# 第1章

## 株式投資を始める前に押さえるべき基礎のキ

# 第2章

## 勝率を爆上げする「たけぞう流」銘柄の探し方

Contents

# 第3章 利益を底上げする「たけぞう流」エントリー法

第4章

# 資産管理とリスク管理
# ど素人でもできるシンプルなルール

# 第1章

# 株式投資を始める前に押さえるべき基礎のキ

# 「億り人」を目指す時代は終焉を迎えたと思うこれだけの理由

「億り人」という言葉をご存じでしょうか。

この言葉は株式投資やＦＸ、仮想通貨などのトレードで資産１億円を達成した人をさす言葉として使われています。

実際、書籍のタイトルに「億り人」と銘打った投資関連の本も少なからず出版されています。

確かに、投資で億り人も、あながち夢とはいえない時代もありました。

それは１９８９（平成元）年12月に日経平均株価が史上最高の３万８９５７円をつけたバブル景気、その後の１９９０（平成２）年頃から２０００（平成12）年前後にかけてインターネット関連の投資熱が高まったインターネット（ＩＴ）バブル、最近では２０１２（平成24）年から始まったアベノミクス相場の時代です（図）。

日経平均株価が右肩上がりに上昇し、業績がよほど悪い企業の株を買わない限り、

## アベノミクス相場は買って保有してれば儲かった時代

日経平均株価が右肩上がりのときは、「億り人」も夢ではないけれど…

極端な言い方をすれば買えば上がるという時代だったのです。そんなときには億り人も夢物語ではありませんでした。

記憶に新しいアベノミクス相場は民主党の野田前首相が衆議院解散を表明した11月14日を起点にスタートしたといわれます。政権交代への期待、安倍総裁が標榜する経済政策への期待から、円安・株高が進展したのです。

11月14日には終値8664円73銭をつけていた日経平均株価は1年後には1万4876円41銭と上昇。個別銘柄を見ると、セイコーエプソン（6724）などはこの1年間で約432％も上昇しています。

しかし、過去のバブル景気もそうでしたが、**終わりのない好況相場はありません**。2018（平成30）年12月25日には日経平均株価は急落、2万円台を割り込んでしまいました。

日経平均株価も右肩上がりとはいきません。

このような相場環境では**「億り人」を目指す投資は難しい**といわざるを得ないのです。

では、これからの時代、どのような投資をすればよいのでしょう？

## 50万円を1年預けて利子5円！低金利時代に最適の株投資法とは？

当たり前のように聞こえるかもしれませんが、**業績を見極め、リスク管理をきちんとして、こつこつと利益をあげていく手法**です。

こう考えてください。

たとえば、50万円をゆうちょ銀行に貯金したとします。通常貯金の金利は0・001%。すると利子は5円です。倍の100万円を預けたとしても利子は10円。

それより、50万円を投資に当てたほうが利益が得やすいのです。**投資には保有している株数に応じて配当金が支払われます**。なかには収益が赤字で無配の企業もありますが、業績のよい企業に投資しておけば、ほとんどの企業が株主に配当金を支払ってくれます。

投資金額に対する配当金の金額の割合を配当利回りといいますが、東京証券取引所の統計資料によると2019（令和元）年9月時点で**東証一部上場企業の平均利回りは約2％**です。単純な考え方をすれば株価50万円なら1万円の配当金が支払われるのです。

どうでしょう？ **貯金より、はるかにいい**ですね。それに、株価が上がれば、貯蓄よりさらに利益が得られます。

雑誌やインターネットなどでは「配当金狙いの投資」を勧める記事を見かけることがあります。貯金より投資のほうが利益は上がるとはいえ、簡単にとびついてはいけないのも事実です。

株価が安定してさほど上下しないなら、また、アベノミクス相場のように株価が右肩上がりの時代なら配当金狙いも有効だと思います。

しかし、配当金をもらったものの、株価が下落してしまっては意味がありません。投資には株価が下がると損をするという銀行預金とは違うリスクもあるのです。

ですから、配当金狙いの投資をする前には必ず、業績を確認してください。高配当を出す企業だからといって必ず好業績とは限らないからです。

配当をもらったものの、業績悪化で株価が大きく下落、半額以下になり、いわゆる塩漬けになってしまったというケースは少なくありません。

配当金狙いだけでなく、投資する前にはきちんと業績を調べましょう。

**「貯蓄するより利回りはいいが、リスクもある」**と思って、投資に臨んでください。

さて、少しリスクについてお話ししましょう。

## 実は日銀だって投資を行っている！起こりえる投資リスクを知ろう

投資は投資先の株価が下がれば損失が出るというリスクのほかにも、投資環境の悪化というリスクもあります。

投資環境が悪化する大きな背景は不況による企業の業績悪化や政治・経済の変化ですが、株式投資の初心者にはあまり知られていないと思われるリスクもあります。

それは**日本銀行が購入しているETFに関わるリスク**です。ETFとは上場投資信託と呼ばれることもある投資信託です。

ＥＴＦにはさまざまな種類がありますが、日銀が投資対象としているのは、ＴＯＰＩＸ連動型、日経平均連動型、ＪＰＸ日経インデックス４００連動型などで、証券会社を通し、市場で購入しています。日銀がＥＴＦを買い入れると、市場にお金が流れ、市場が活性化するというわけです。

２０１８（平成30）年12月25日、日経平均が２万円台を割り込み、終値1万９１５５円74銭、１０１０円安と暴落し、大きな話題となりました。

この日、日銀のホームページによれば日銀はＥＴＦ７０３億円を購入、28日にも７０３億円を購入しています。この資金が市場に流入したため、これ以上の暴落を防いだといえるかもしれません。

最近では２０１９（令和元）年10月9日には７０４億円を購入しています。その日の日経平均は安値で2万１３５９円84銭をつけ、２万１４５６円38銭で終わっています。前日より、１３１円40銭安です。

日銀はこのように資金を市場に投入しています。

しかし、投資である以上、株価が下がれば損失も出ます。含み損が膨らめば、損切りをしなくてはいけないのです。日銀はＥＴＦの平均買い入れ価格を公表していませんが、市場関係者の間では1万8500円前後（損益分岐点）という見解が多いようです。つまり、日経平均株価がこの価格を割り込むと損失が出ると考えられるのです。日経平均株価が損益分岐点を割ったら、日銀は保有している株式を売却するかもしれません。当然、売却は市場で行われます。一挙に売却は考えにくいのですが、株価に影響を与えないとはいいきれません。

じわじわと売却するにしろ、それが株価の下落要因になるかもしれないからです。

## 株価に変動をもたらす投資家が最低限知るべき政治トピックとは？

株価は**政治、経済、外交の変化によっても上下**します。

政治については民主党政権から自民党が政権を奪取し、安倍政権下でアベノミクス政策が実行されたことが株価上昇への弾みになりました。

選挙で与党が圧勝すれば政権が安定したとされ、株価が上がることもあります。反対に与党が過半数を取れなければ不安定ととられ株価下落を招くこともあります。

また首相交代などがあれば新政権に対する期待感による株価の上昇、失望感による株価の下落がないとはいえません。

**経済政策では金利の動向に注目**したいものです。日本では長くゼロ金利政策が続いています。もし、金利が上がるようなら、株式投資より、貯金の方が安全との考え方から市場から資金を引き揚げる投資家が出るかもしれません。すると株価が下落することもあります。

円高・円安、特に**ドル円の関係は株価を動かす大きな要因**になります。たとえば1ドル＝100円のレートが101円になれば円安、99円になれば円高ですが、輸出企業にとって円高は業績を悪くする原因の一つにもなるのです。

つまり、100円で売っていた、同じものが99円になってしまうからです。すると自動車をはじめとする輸出関連企業の株が大きく売られ、為替レートに関係ない内需株が買われるようになります。

ドル円の変動にはアメリカの国策や政策が大きく関係します。たとえば、アメリカの金利が上がれば日本円を売って米ドルを買う動きが起こり、従って円安が進みます。

また、アメリカの代表的な株価指数であるＮＹダウと日経平均株価は相関性があるともよくいわれます。

ダウが大きく下落した翌日の日経平均も下落する傾向があります。ダウ平均株価は世界中の投資家が注目している指標です。彼らの多くはダウを世界経済の状態を表す指標ととらえ、**ダウが下がると世界経済の悪化につながる**と考えるからです。そこでダウが下がると経済の悪化を懸念して少しでも利益が出ているうちに、いったんは保有株式を売却して逃げておこうといった思惑が少なからず働くのです。（次図）

ですから、アメリカ経済の状態は日本の株価にも悪影響を与えるともいえます。

最近の例を挙げると２０１８年に第45代アメリカ大統領ドナルド・トランプは対中国貿易の赤字解消のため中国製品に関税をかけると表明、これに反発した中国もアメリカ製品への関税賦課を発表。米中貿易戦争と呼ばれる様相を呈すると両者の発言でダウも上下する事態になり、日本の株式市場へも影響を及ぼしました。

このように株価の動きは世界情勢、政治・経済の動向と無関係ではいられません。

株式投資ではさまざまなニュースに注意し、**世界情勢に応じた投資行動をとることが必要**になります。

## ＮＹダウと日経平均の比較

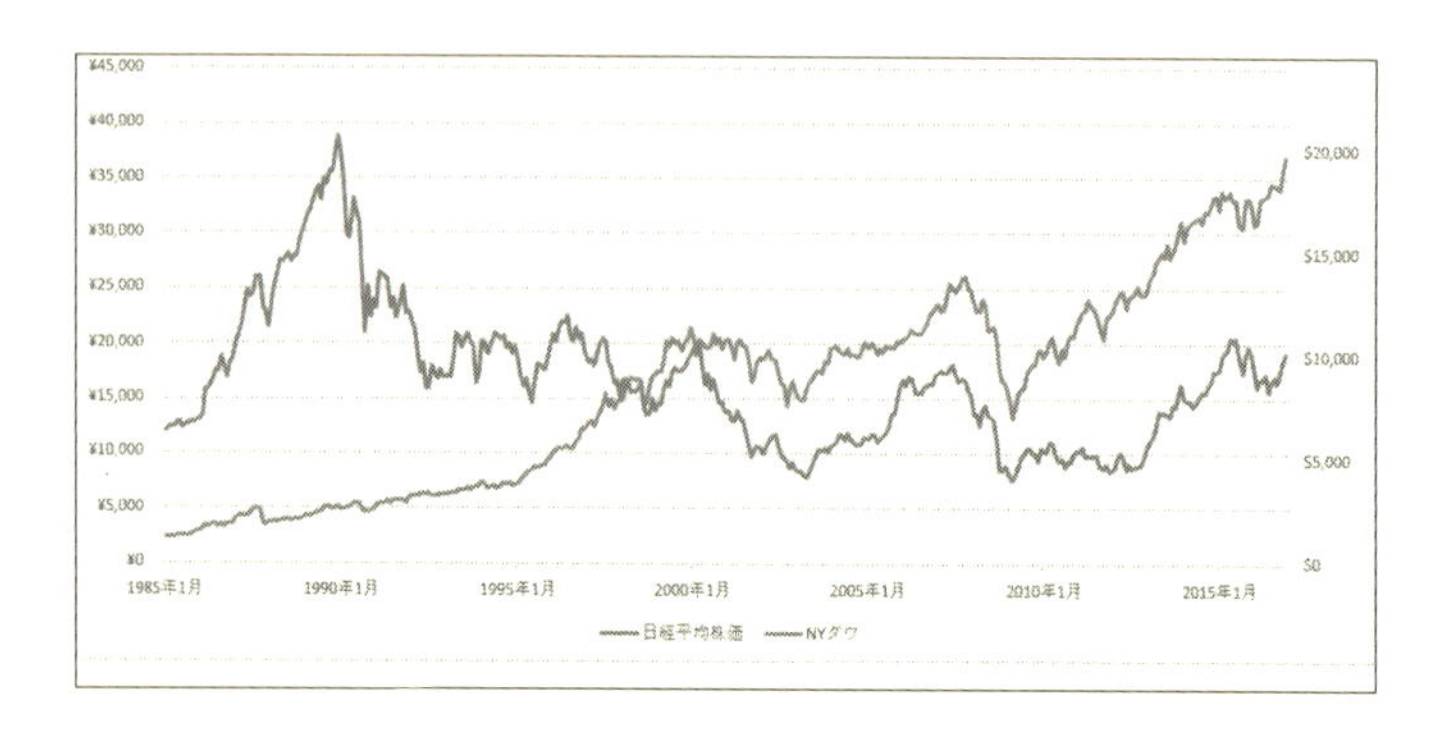

マクロで見るとダウと日経平均は関連性がないように見えますが、日経平均はダウと連動しているとよくいわれます

そこで、株式投資をしていると政治経済の動向がより身近な問題として捉えられるようになります。おのずと視野が広がるのです。これなど、利益以外の投資のメリットといえるかもしれません。

## テクニカルとファンダメンタルズ 結局、どっちがいいの？

当たり前の話ですが、投資をするには最初にどこの企業に投資をするかを決めなくてはいけません。そのさい、投資するか、しないかの判断を下す手段になるのがファンダメンタルズとテクニカルによる分析です。

**ファンダメンタルズは財務状況や業績を分析して判断する手法**で、本書でこれからお伝えする手法です。

もうひとつの手法、テクニカルについて簡単に説明しておきましょう。

**テクニカルは株式の値動きや相場の方向性を主にデータで分析・判断する手法**です。

**分析には過去から現在までの値動きをグラフ化したチャートを使います**。チャートの基本がローソク足です。きっと、耳にしたことがあると思います。

ローソク足は始値、終値、安値、高値という株価の4つの動きを1本の線で示した図形で、その形がローソクに似ていることから、こう呼ばれています。江戸時代に米相場から生まれた、日本オリジナルのチャートです。（次図）

テクニカル分析では移動平均線、ボリンジャーバンドといった数々の指標を使い、株価が割安か、割高か、上昇か、下落かなどを分析して投資を判断します。

投資先企業の業績や財務は基本的に考慮しません。

テクニカルを使って投資活動をしている個人投資家のなかには「ファンダメンタルズはいっさい必要ない。業績も財務も調べない。チャートさえ見ればいい」という人も珍しくありません。

一方、**ファンダメンタルズでは決算を調べ、PER（株価収益率）、PBR（純資産倍率）、ROE（自己資本利益率）などの指標を使って株価が業績や財務に比べて割安か、割高を分析**します。

テクニカル分析を薦める投資家がいるのと同様、「ファンダメンタルズ分析こそ投

## ローソク足

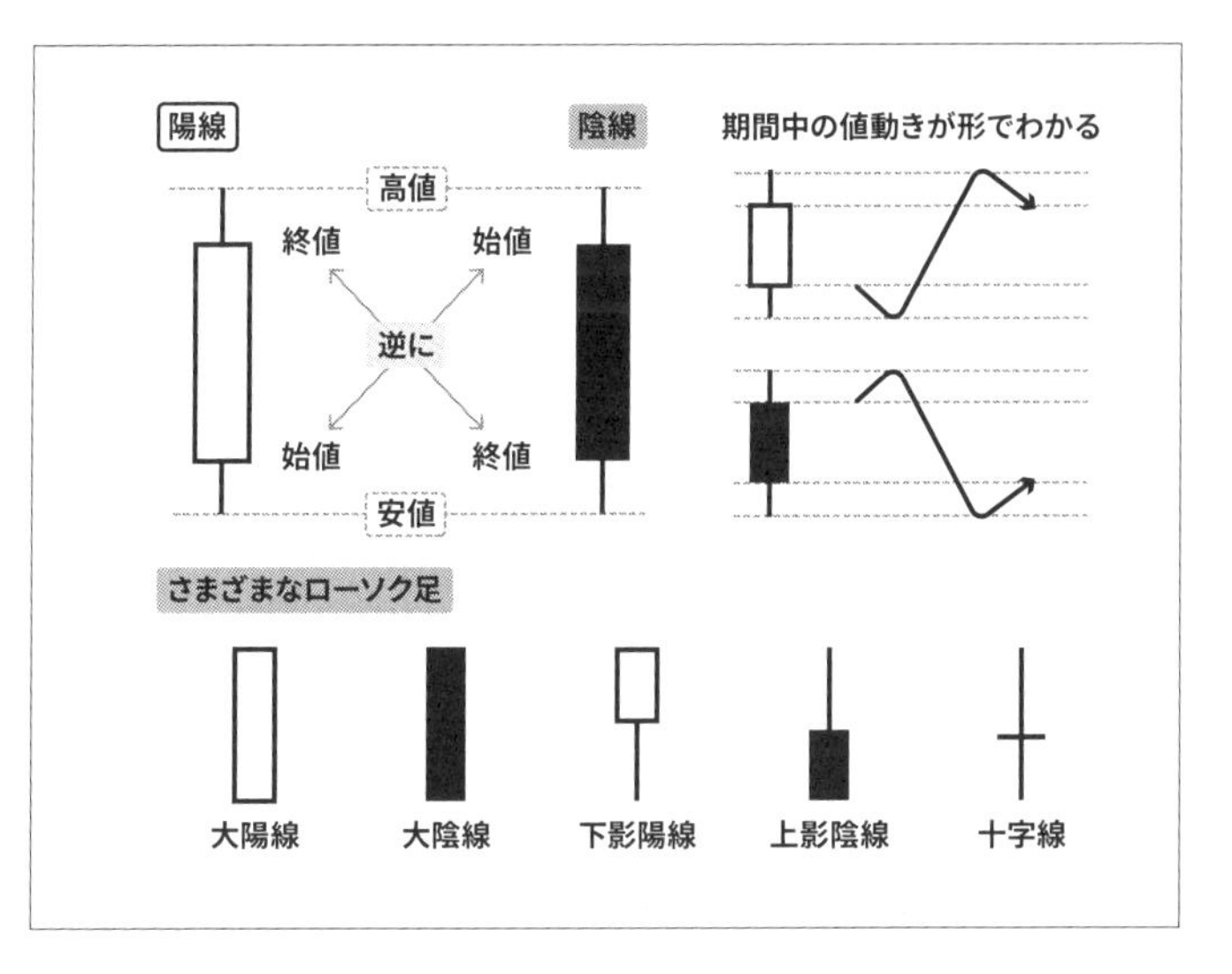

あなたがファンダメンタルズ派だとしても、ローソク足の基本くらいは押さえておきましょう

資の王道、テクニカルは不要」という人もいます。

私はファンダメンタルズをメインに投資判断をしています。株価は業績で動くと思っているからです。だからといって、テクニカルをまったく否定はしません。投資をするさいにはローソク足の日足チャート、移動平均線、出来高を見て判断をしています。（次図）

過去の値動きを示したチャートを見返すと株価の動きの転換点などがわかり、だから下がったのか、上がったのかなどという上下の理由が判明することもあります。それを同じような局面で参考にすることもできます。

**投資の基準はファンダメンタルズにおいても、投資するさいにはローソク足チャートを見て株価の今後の動き、方向性を判断することが重要**だと思います。

ですから、テクニカルを全否定はしないのです。そして、それには以下のような理由もあります。

そのテクニカルを考案した先人がいるからです。彼らは長い時間をかけて相場を研究、検証し、試行錯誤を重ねてそのテクニカルを編み出したのです。テクニカルを全面否定することは先人たちの考え方や業績を否定してしまうことにもなりかねません。

## 日経平均チャート

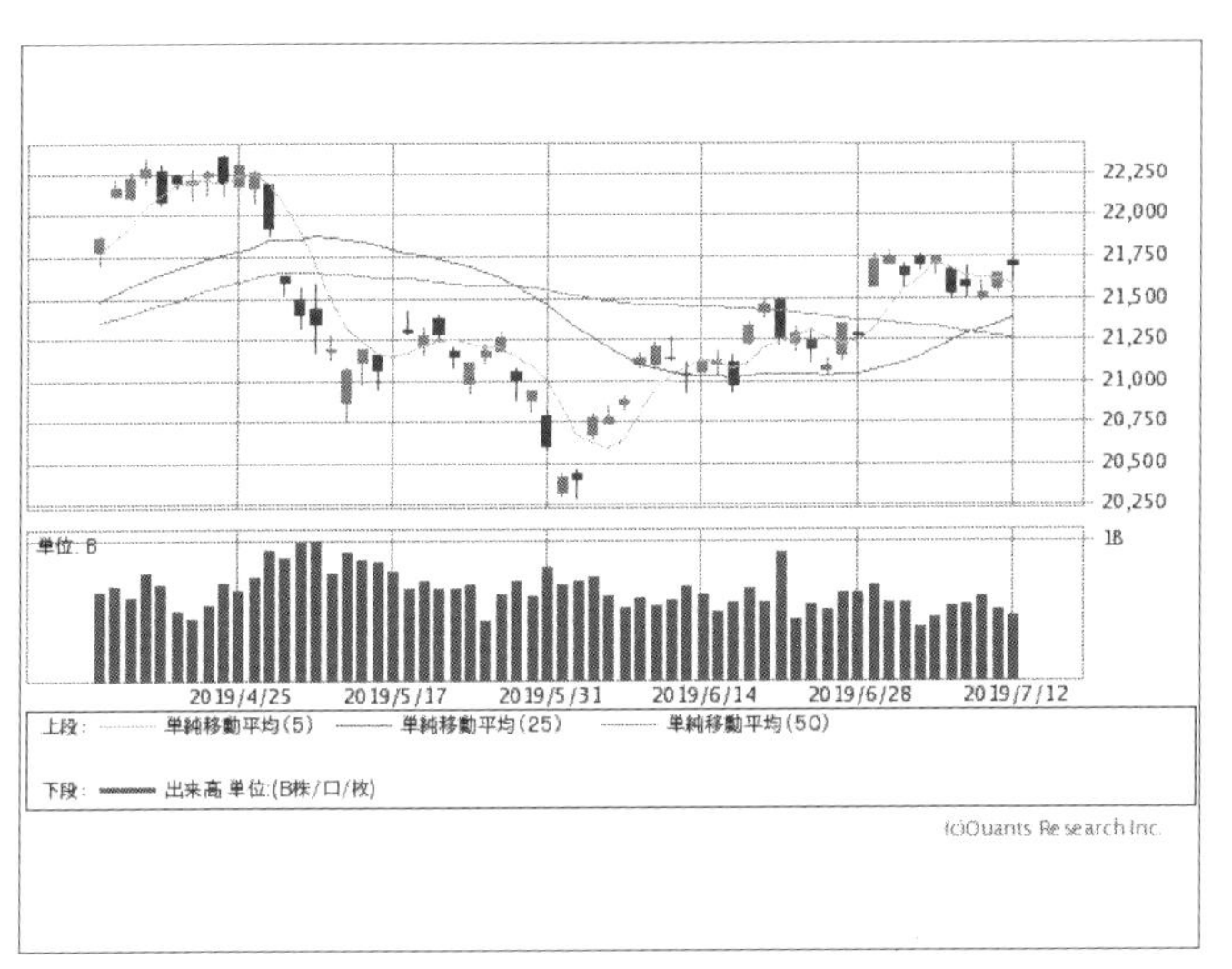
22,250
22,000
21,750
21,500
21,250
21,000
20,750
20,500
20,250
単位: B
1B
2019/4/25
2019/5/17
2019/5/31
2019/6/14
2019/6/28
2019/7/12
上段: 単純移動平均(5) 単純移動平均(25) 単純移動平均(50)
下段: 出来高 単位:(B株/口/枚)
(c)Quants Research Inc.

私はファンダメンタルズ派ですが、エントリーや利益確定のときはローソク足も参考にするようにしています

## 自分のスタイルにあった分析を見つけるためのヒント

投資を始めようとしている人に「ファンダメンタルズとテクニカルのどちらを使えばいいですか」という質問を受けることがあります。私は「どちらでもかまいません」と答えます。無責任な答えではなく、**投資活動に決まりはなく、その人その人の自由**だと思うからです。

テクニカルも、ファンダメンタルズも、できれば少しでもいいから両者を勉強してみましょう。そのうえで自分の考え方にピッタリだと思うほうを選べばいいのです。どちらか一方に限る必要はありません。ファンダメンタルズを中心にテクニカルも参考にしても、テクニカルをメインにしてファンダメンタルズを参考にしても、それはみなさんの自由です。

これが自分の投資スタイルにあっていると思えるものがあればそれを使ってください。ただし、注意することがあります。

テクニカルではさまざまな指標を使って投資判断をしますが、あれもこれもと指標を見すぎると迷って決断できなくなってしまうということです。

この指標では現在の株価は割安、でもこっちの指標では買われ過ぎなど、指標によって食い違うことがあるからです。何か1つか2つ、自分が信じられる指標を見つけ、それを軸に売買を判断するとうまくいくことがあります。

その反対に、この指標を使うとマイナスになるから、自分は使わないというのがあってもいいかもしれません。

**テクニカルの本で覚えた指標を全部使うのではなく、これを使えば利益が上がりやすいという指標を見つけ、使い続ける**ことをお勧めします。

## 手数料を考えると断然ネット口座がオススメ

取引を始める前に証券会社に口座を開くことはいうまでもありません。

証券会社にはインターネットで取引を行うネット証券と対面証券があります。対面証券とは投資家一人に営業担当がつき、担当者に連絡をすると売買を行ってくれるという取引です。

今ではパソコン、スマホで取引をするネット取引が主流ですし、対面証券でもネットに対応している証券会社も存在します。

**ネット証券の大きなメリットは手数料の安さ**でしょう。20万円以下の売買なら105円とか、10万円以下の売買は無料などというネット証券もあります。

それに比べて対面証券の手数料はかなり高額です。20万円以下の売買でも2000円台の手数料がかかる場合もあります。しかし、ネット証券は投資先の選択から売買まですべて自分一人で決めなくてはなりません。その点、対面だと営業担当者と相談したり、アドバイスを受けられたりというメリットがあります。

いずれにせよ、インターネットで検索すれば手数料やサービスの比較などができるサイトが数多くあります。自分にあった証券会社を見つけてください。また、口座を開設するのは無料です。

# 単元未満株・ミニ株 少額資金で投資ができる方法

口座を開設したら投資資金を入金します。

いったいいくらぐらいが妥当でしょうか?

それこそ、各人の事情によって異なる額になりますね。

資金が多ければ多いほど余裕をもって投資できますし、それだけリターンも多く望めます。

**できれば50万円は用意したいところ**です。

なかには初めのうちはあまりお金をかけずに投資体験してみたいという人がいるかもしれません。

そのような人のために単元未満株、ミニ株という名称の少額投資があります。

株式には最低売買単位(単元株数)があります。それは企業ごとに決まっていて、1株、100株、1000株が一般的です。ですから、株価が1000円なら、最低売買単価が1株なら1000円、100株なら10万円が購入に必要な額になります。

しかし、証券会社によっては単元未満株の取引も可能な会社があり、その取引では100株単位の株でも1株からでも取引ができるのです。

またミニ株という名称の取引では10分の1の単位で売買ができます。

単元株数100株で株価5000円だと、購入には50万円が必要ですが、単元未満株の取引なら1株単位なので5000円、ミニ株なら10分の1の単位で5万円での取引ができます。

取引のルールはありますが、少額からの投資ができ、それだけリスクも少ないので株式初心者の練習にも最適でしょう。

しかし、**手数料が若干高いこと、扱っている証券会社や銘柄が限られているなどのデメリットもあります**。

単元未満株やミニ株から始めてみようと思ったら、事前に扱っている証券会社を選んで口座を開設する必要があります。

## 10万円以下の投資で株主になれる銘柄もある

単元未満株やミニ株以外でも、**10万円以下で購入できる銘柄がいくつもあります**。例えば東証一部上場企業では三菱自動車（7211）は100株単位494円（購入価格4万9400円／2019年10月30日終値）、日本水産（1332）は100株単位617円（購入価格6万1700円／2019年10月30日終値）など、探せばいくつもあります。

もちろん、株主になるのですから、配当も支払われますし、株主総会に出席して、経営についての質疑も可能です。

10万円以下で購入できる株についてはインターネットで検索したり、投資関連雑誌などで取り上げられることも多いので、探すのは難しくありません。

ただし、**なかには業績が悪く10万円以下の株価でも割高なものや最悪の場合上場廃止になるような銘柄もあります**から、投資をするときには充分に業績を調べる必要があります。

## 投資体験が気軽にできるポイント投資

クレジットカードのポイントやTポイント、dポイントなど利用するたびにポイントが貯まるサービスがいっぱいあります。貯まったポイントは買い物に利用するのが一般的でしたが、2016（平成28）年頃から投資に利用するというサービスが始まり、毎年、増えています。

楽天証券は2017（平成29）年から楽天ポイントを使った投信購入を始め、NTTドコモでは2018（平成30）年からdポイントで投信購入ができるようになりました。LINEはスマート投資、ANAはマイルでの投資に参入、クレジットカード大手のクレディセゾンが発行するセゾンカードの永久不滅ポイントは100ポイントから運用に利用できます。

自分のお金を使わず、**貯まったポイントで投資ができるのですから、リスクの少ない投資を体験できる**といえるでしょう。たとえばポイントが3000円分貯まった、そのうちの1000円分を投資に当てようとか、全部、投資しようとか、そのような選択ができるのです。

ただ、ポイント投資は基本的にポイントを増やす投資なので、現金が増えるわけではありません。投資で増えてポイントが換金できるのではなく、買い物などに使用できるということです。また、投資ですから、ポイントが減る可能性もあります。ポイントの有効期限が切れてしまい、貯まったポイントが失効してしまったという経験のある人もいるかと思います。失効するぐらいなら、ポイント投資で運用しておいたほうがいいかもしれません。

## 「損は損当たり前」と自覚しメンタルを平静に保つ

**トレードでメンタルを常に冷静に保つというのはみなさんにとっても簡単なようで案外、難しい**かもしれません。私の場合は損失が原因ではなく、大きなポジションをとっていたときに呼吸が苦しくなることがありました。幸い、それで判断を誤るということはありませんでしたが、数億円という額を扱う責任感がメンタルに影響を及ぼしたのだと思います。

投資を始めると、ほとんどの人が投資額に関係なく、値動きに一喜一憂するものです。上がって嬉しい、もっと上がればいいという期待感が大きすぎ、利益確定が遅れることは珍しくありません。それでも、利益が出ているのでよいとして、問題は損失が出ているときです。

暗い気持ちになり、株価を見るのもイヤ、そのままにしておけばいつか上がるかもしれない、損を認めるのが怖い……などなど、そんなメンタルが損切りを遅らせ、いつしか、株価が半額以下になっているという事態がなきにしもあらず。

ですから、メンタル管理は大切なのです。トレードをしている限り、損は必ず出ます。損が出るのは当たり前と思って投資活動をしてください。これから、何度も同じ話をすることになるかと思いますが、「損は当たり前」と自覚しましょう。

私は損失を出して、気持ちが落ち込んだときには会社の同僚や先輩たち、いうなれば株仲間に相談したり、励まされたりして、気持ちを取り直すことができ、精神的にも助けられました。

できればみなさんも、そういう仲間をつくってほしいと思います。

# 第2章
# 勝率を爆上げする「たけぞう流」銘柄の探し方

「アリの視点」投資法①

# 兼業投資家でもラクにできる「街歩き法」

2019(令和元)年10月現在、日本取引所グループのホームページによると東証一部・二部、マザーズ、JASDAQに上場している会社数は3655社あります。そのなかから、投資する銘柄を選ばなくてはなりません。

一体、何を手掛かりにして選べばいいのでしょう?

前に株価は業績によって動くと話しました。銘柄選びでも業績のよい会社、これから成長して好業績を上げていく会社を選ぶのは当然です。では、3000社以上の業績をいちいち調べるのでしょうか?

企業の業績を深く調べることは時間がかかるので、兼業投資家にとってはかなり難しいでしょう。

私が証券会社に勤めていたころは「足で稼げ」と上司からいわれたものです。

街を歩いていて行列ができている店があったら、どのような店なのか、何を販売しているのか、新しい業態の飲食店がオープンしていないか……**ちょっとした変化に敏感になって、調べてみると投資先が見えてくる**ということです。

よくご存じと思いますが、「いきなり！ステーキ」の例をあげてみましょう。

「いきなり！ステーキ」はペッパーフードサービス（３０５３）が運営する外食チェーンですが、１号店は２０１３（平成25）年12月５日にオープンしました。そのとき、銀座で低価格のステーキを立ち食いで食べさせるという話題性からメディアが取り上げ、その後、あっという間に店舗数を増やしていきます。

実際に店の前に長い行列を見かけた人も多いのではないでしょうか？

そんなとき、ちょっと興味を持って調べてみるのです。

ペッパーフードサービスの売上・利益は拡大、株価も上昇し、２０１７（平成29）年には1月31日につけた終値６０４円が同年の10月31日には８２３０円の高値をつけて1年間で10倍以上になったのです。（次図）

これは珍しい例ですが、「犬も歩けば棒に当たる」、街を歩いて、投資の対象を見つけることもできるのです。

## ペッパーフードサービスの株価

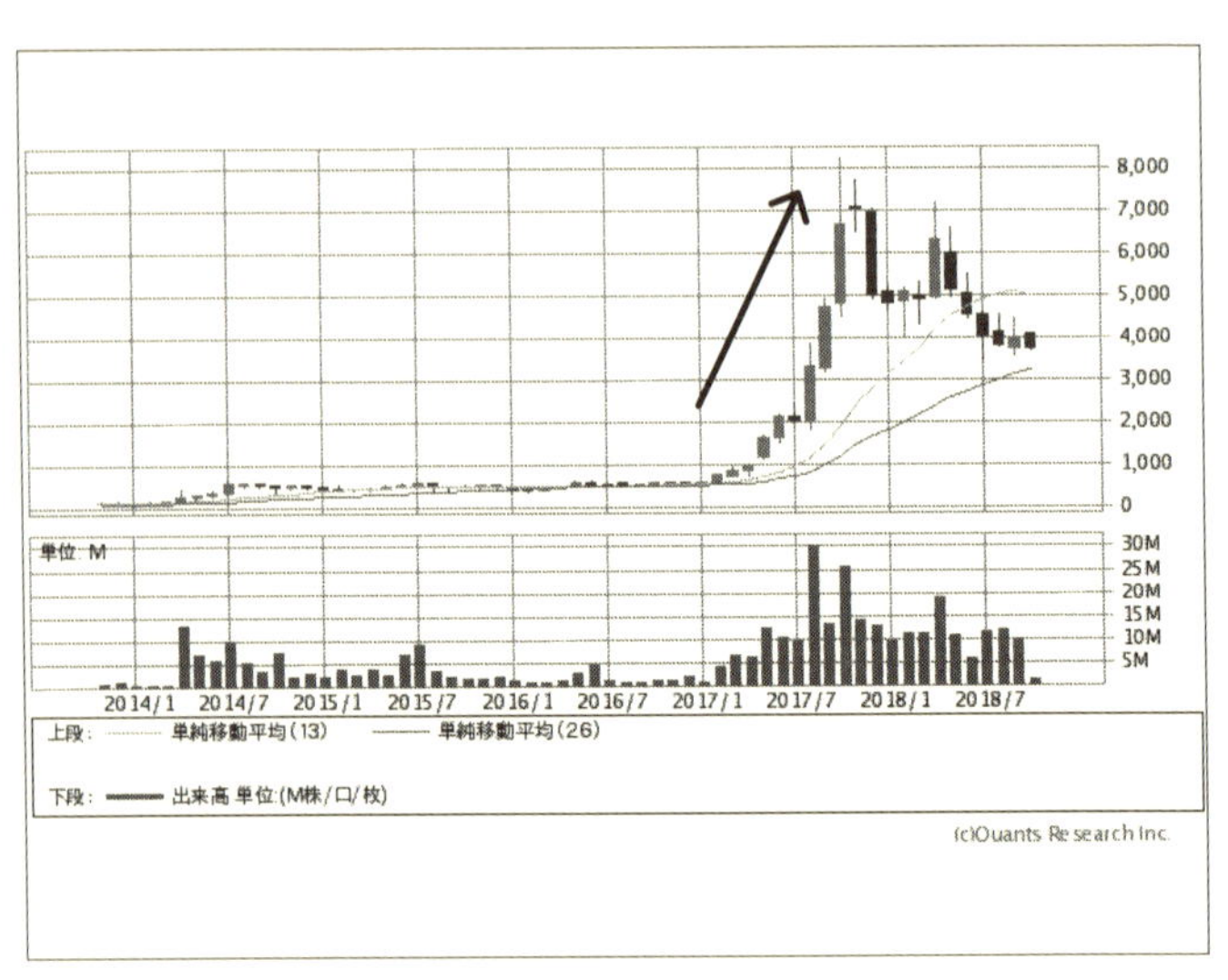

## 「アリの視点」投資法②
# 変化の端緒をキャッチする「店内歩き法」

ワークマン（7564）は作業服大手の企業です。土木や建設現場などの作業員を対象にした商品展開をしていました。

2017（平成29）年のこと。サッカーの審判をしているときに軍手が必要になり、私は近くにあったワークマンに久しぶりに行ってみました。

そして店に入って驚きました。

私のイメージでは味もそっけもないプロ仕様の作業服が並んでいるはずが、店内にあったのはカジュアルなアウトドアウェア、タウンユースにも対応できるウェアだったのです。そして、店全体の雰囲気が明るくなっています。

ワークマンは変わった、業績も良くなっているはずだと直感しました。

調べてみると2016（平成28）年以降、ワークマンは一般客向けに高品質、高機能でありながら低価格のプライベートブランドの展開を始めていたのです。

2018（平成30）年には一般向け高機能ウェアに特化した「ワークマン・プラス」をショッピングモール「立川立飛店」に出店しています。その店舗はまさにアウトドアウェア専門店のようです。

ワークマン・プラスが売り上げに貢献し、2019（令和元）年6月の既存店売上は前年同期比35・8％増と好調です。

株価を見ると2016年から2017（平成29）年までは1500円台から1800円台をウロウロしていたのが、2018年からは右肩上がりに上昇。2019年10月18日には高値9650円をつけています。（次図）

## 「アリの視点」投資法③
# 流行から投資のヒントを得る「連想ゲーム法」

買い物や食事などに行ったら、ちょっとした変化に敏感になりましょう。

ごく最近ではタピオカのブームがあります。

## ワークマン株価

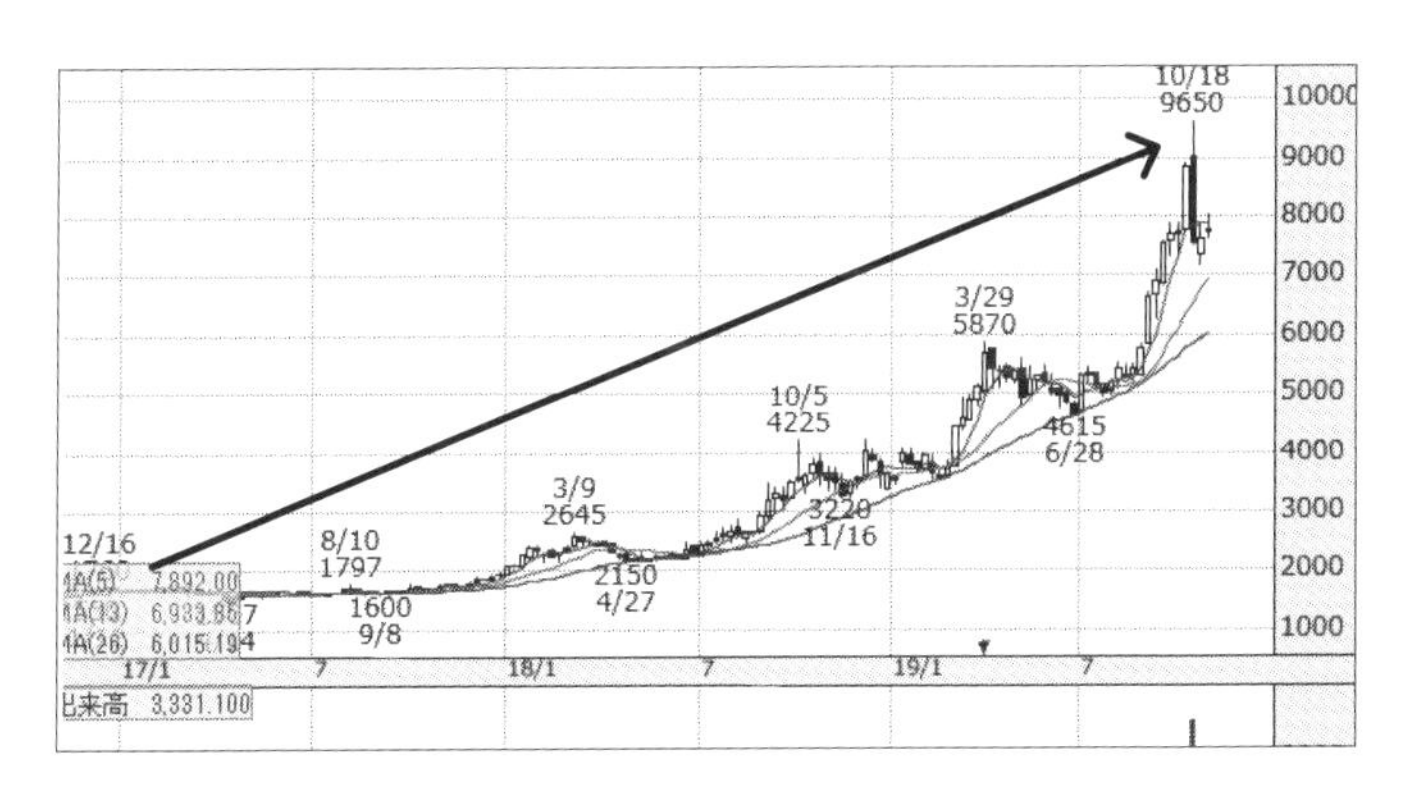

ワークマンの株価が上昇を始める前から、
店内のカジュアル化は進んでいました

コンビニエンスストアにもタピオカドリンクが並ぶようになりました。

「これだけ流行ってるんだから、儲かってる会社があるはずだ。どこだろう?」と気づけば、いろいろと調べることができます。以下のような連想を働かせてみましょう。

ブームを牽引しているのは若い女性らしい。SNSに手作りのタピオカドリンクを投稿するのも流行っている。材料のタピオカはどこで買うんだろう。どうやら業務スーパーで買っているらしい。業務スーパーの大手は神戸物産（3038）だ。

ここまで連想を働かせたら、神戸物産の決算短信を見て業績を調べ、株価を見て、その株価が割安なのか、高すぎるのかをファンダメンタルズ指標で判断します。そして買うかどうかエントリーを検討します。神戸物産の株価はタピオカブームを背景に2018年10月頃には3000円前後だった株価が上昇を続け、2019年7月17日には5720円の高値をつけています。（次図）※2019年11月より株式分割。分割株価調整後の2019年7月11日株価高値は2860円。

## 神戸物産の株価

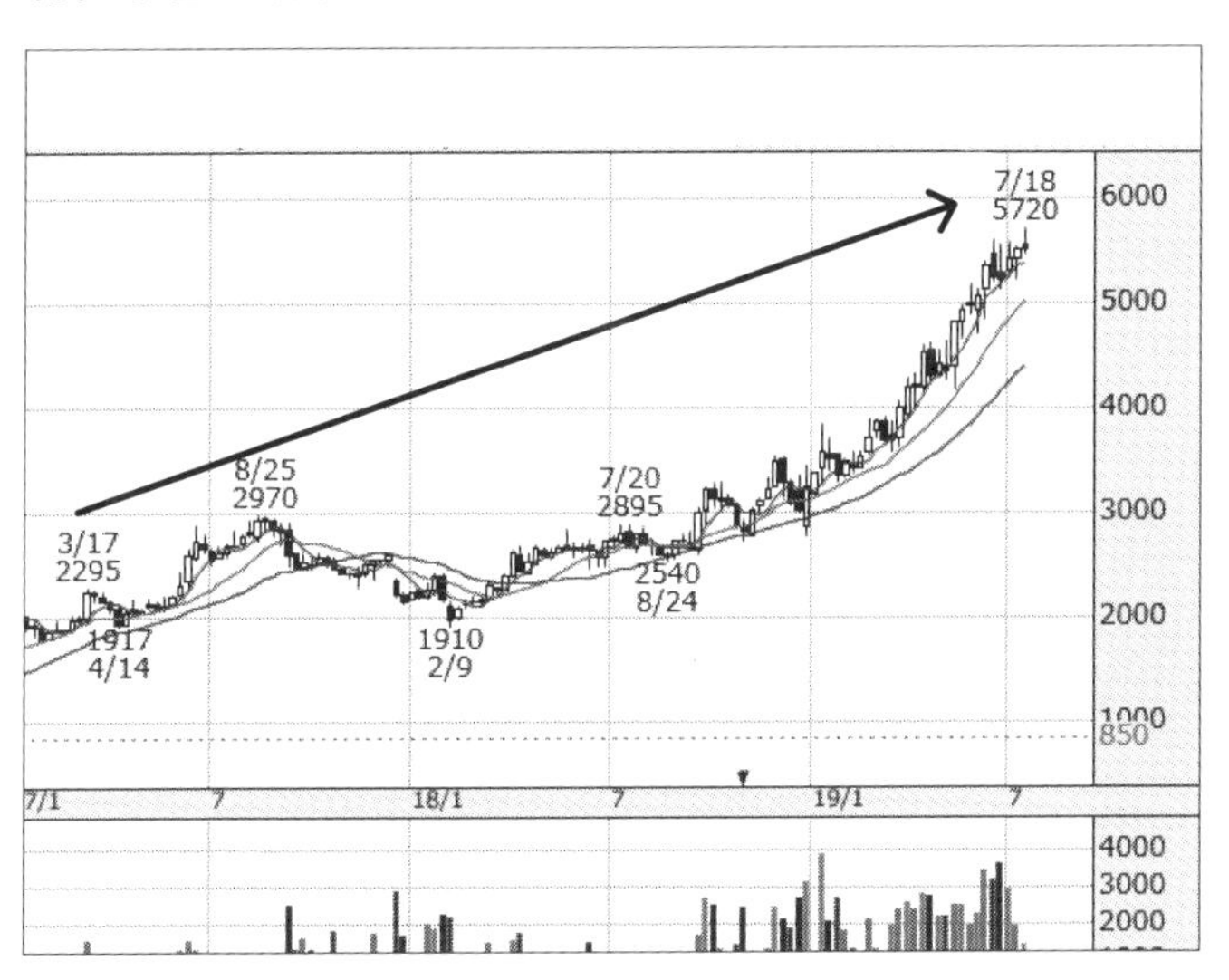

「材料のタピオカはどこで買う→どうやら業務スーパー
→業務スーパーの銘柄群を調べてみよう」という発想です

ただし、ブームは去るのも早いです。流行りものを見つけ、関連の銘柄に投資しようと思ったら、そのブームがいつまで続くかを見極めるのも大切です。

## それでも投資先を決められないときの超シンプルな銘柄選択法

身近な業界や自分の趣味からも銘柄は探せます。むしろ、初心者は身近なところから銘柄を選ぶほうがいいかもしれません。

ＡＩやバイオなど株式関連のニュースで「急騰」、あるいは「急落」が話題になることがしばしばあります。そのような記事を読むと、買ってみたくなることがあるかもしれません。

しかし、ちょっと待ってください。

もし、あなたがＡＩやバイオ関連の仕事に就いていたり、業界の人だったら、問題はないのですが、全く見ず知らずの業界であれば、**値動きだけに飛びついて売買する**

**のは少なからぬリスクがあります。**

飲食店や小売業の銘柄なら、実際に店に行って混んでいるのか、空いているのか、客層はどうか、味はどうか等々、自分の目で確かめることができます。

しかし、バイオ関連の企業が具体的にどのような業務を展開しているのか、イメージできるでしょうか？

ある程度、投資の経験があれば決算書を調べたり、チャートを見たりして、その会社の体質や成長性、株価の動きなどがイメージできますが、初心者には難しいのではありませんか？

最初に銘柄を選ぶなら、自分の知っている業界、イメージしやすい業務内容の企業から選ぶことをおすすめします。

たとえばよく使うiPhoneのアプリはどこが開発しているのか、ゲーム好きならゲーム関連、服が好きならメーカー、環境問題に関心があればエコロジー関連と興味のある分野から銘柄を選択すればいいのです。

あなたがサラリーマンなら、**自分の会社の株や業界の関連銘柄を投資先にする**ことをもっともお勧めします。

自社の株を買うのはインサイダー取引になりませんか? と心配する人がいるかもしれませんが、大丈夫です。

インサイダー取引は株価に影響するような情報を投資家に公開する前に知っていて売買した場合に当たります。ですから、そのような情報がない場合、もし、情報があっても公開後に売買すればインサイダー取引にはなりません。

投資先についてアドバイスを求められることがあります。相手が投資初心者なら「ご自分の会社の株はどうですか?」と聞くと、なかには「えっ!」と少し驚いたような顔をする人もいます。

次に「ご自分の会社はこれから伸びると思いますか?」と聞きます。たいていは「はい」という返事。そこで「ご自分の会社に投資しては?」というと、「なるほど。わかりました。まず、自分の会社の株を買ってみます」となります。

勤めている会社なら財務から何から、よく知っているはずです。

**身近なところから銘柄を選択するのが一番、よい**のです。

フードサービス業界にいるなら、外食、中食、食材、調理設備等々、関連企業の動向がよくわかるはずです。

取引先で世間話ができれば「最近、景気はどう?」と、ちょっとした会話から、投資のヒントを得ることができるかもしれません。

専業主婦でも、日常の買い物に利用するスーパーで、どこのメーカーのスナック菓子や食品が、棚の占有率が高いかを確かめればいいでしょう。さらに新商品が売れているかも棚を見ればわかります。

身の回りのことを少し気に掛けるだけで投資先は見つかります。

初心者が無理をして、まったく知らない世界の企業を選ぶ必要はないのです。

## 損をしてでも自分が納得できる投資先を選ぶべき理由とは?

まったく分からない業界の銘柄を人に勧められたり、SNSで知ったりして投資をしたとします。

思惑通り上がれば嬉しいものです。反対に損をしたらどうでしょう?

とても腹が立ちますね。

「なんでこんな株、買っちゃったんだろう。勧めた人が悪い。それに乗った自分もイヤだ。あ〜あ、買わなきゃよかった。株なんて、やらなきゃよかった」

と、ひどく落ち込んで、株式投資をやめてしまうこともあります。あとに残るのは後悔と、最悪の場合はその銘柄を勧めた人に対する恨みです。

ところが、自分が興味を持っていろいろ調べ、これなら大丈夫と思って買うと、下がっても、不思議とそこまで落ち込まないものです。まして、恨みなどは残りません。「なんで買っちゃったのかな」と思っても、「自分の調べ方が悪かったからだ。今度はこの点をもっと深掘りして調べよう」という反省につながります。

**損を次の投資に生かせる**のです。

この差は何でしょう?

何故、その銘柄を買うのか、納得して投資しているか、いないかです。どのような銘柄を選ぶにせよ、お金を投じるのはあなた自身です。よほど余力があって、多少の損などなんでもないというなら、人の勧めに乗るのもいいでしょう。そうでない限り、自分で納得できるかどうかを考えて投資先を選んでください。

「タカの視点」投資法①

# 「国策に売りなし」の格言に従うべき理由

私が銘柄を選ぶときに必ずチェックしているのは国策です。国がどのような分野に国費を投じるかを見ます。

政策の実現に向けて国が予算を決めて推進していくので、国策に関連する銘柄にとっては業績を上げる追い風になりますし、また機関投資家の買いも入りやすく、従って株価も上昇しやすい傾向があるといえます。

投資の格言に**「国策（政策）に売りなし」**という言葉があります。

この格言は国策に合致する銘柄は「売ってはいけない、むしろ買うべき」という意味を含んでいます。

その例をあげてみましょう。

消費税が8％から10％への引き上げに際し、2018（平成30）年、政府は増税後の9ヵ月間に限り、中小小売店で商品購入時にクレジットカードを使用すれば2％

分をポイント還元し、その分を政府が補助すると発表しました。かねてから政府はキャッシュレス化を推進していたので、消費税増税でのキャッシュレス決済優遇措置はキャッシュレス化へ加速をつける可能性があります。

この政府の方針を受けてキャッシュレス関連銘柄が２０１８年頃から注目されています。

電算システム（３６３０）もそのひとつです。２０１８年は２０００円近辺をつけていた株価は２０１９（令和元）年になり一気に上昇しています。同年5月13日には４３９０円の高値をつけました。1年前の5月18日には終値２０７３円だったのですから、2倍以上になっています。（66ページ上図）

ジャストプランニング（４２８７）もキャッシュレス関連銘柄といってもいいでしょう。同社は飲食店のＰＯＳシステムを手掛ける企業です。ＰＯＳシステムは店舗で商品を販売するごとに販売情報を記録し、その集計が在庫管理などに利用できるシステムです。

ジャストプランニングでは来店客が自分のスマホで注文し、支払いもできるという「Ｐｕｔｍｅｎｕ」というシステムを開発しています。

２０１８年1月には３００円台だった株価が、４月から上昇を続け7月20日には高値２２９０円をつけました。（66ページ下図）

国策で予算を割かれたトピックに関する銘柄は、追い風を受け、業績が上がる見込みが高いと私は判断しています。

電算システムの株価

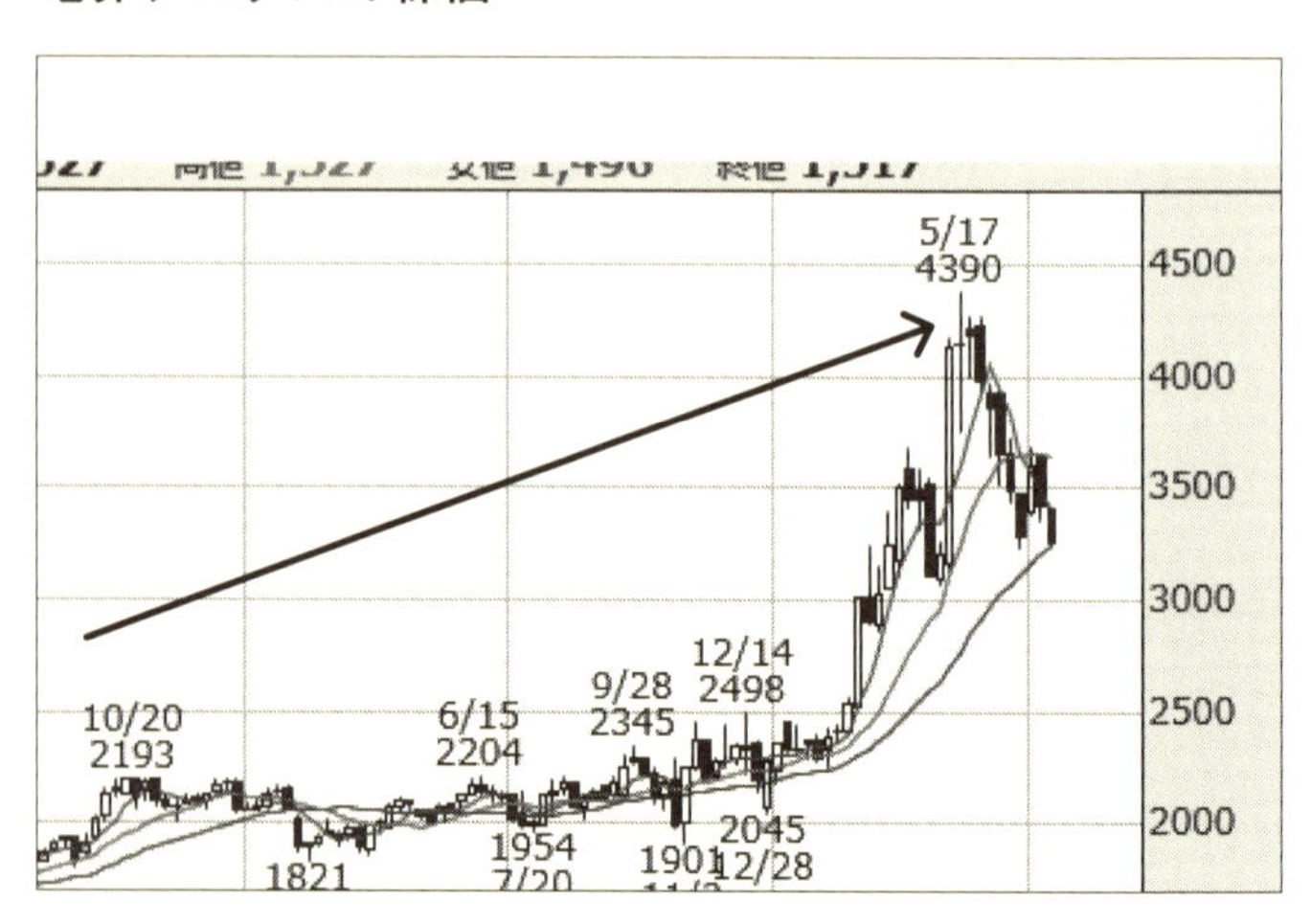


ジャストプランニングの株価

## 「タカの視点」投資法②

# ど素人でもとことん政府HPを活用する方法

### 財務省のホームページ

**国が何にお金を使うかを見るには国家予算を見ればわかります。**

財務省のホームページにアクセスします。「予算・決算」を選択、さらに「予算」、「31年度予算」から「政府案」、さらに「平成31年度予算政府案」をクリックすると「平成31年度予算のポイント」が表示されます。

ポイントを見ると幼児教育の無償化、消費税引上、国土強靭化が挙げられています。ざっと目を通すと「消費税率引上げに伴う対応」、「社会保障の充実」、「国土強靭化」などについての概要がわかり、いくら予算がつき、前年度との予算額の増減がわかります。

## 「予算・決算」を選択→「○○年度の予算ポイント」

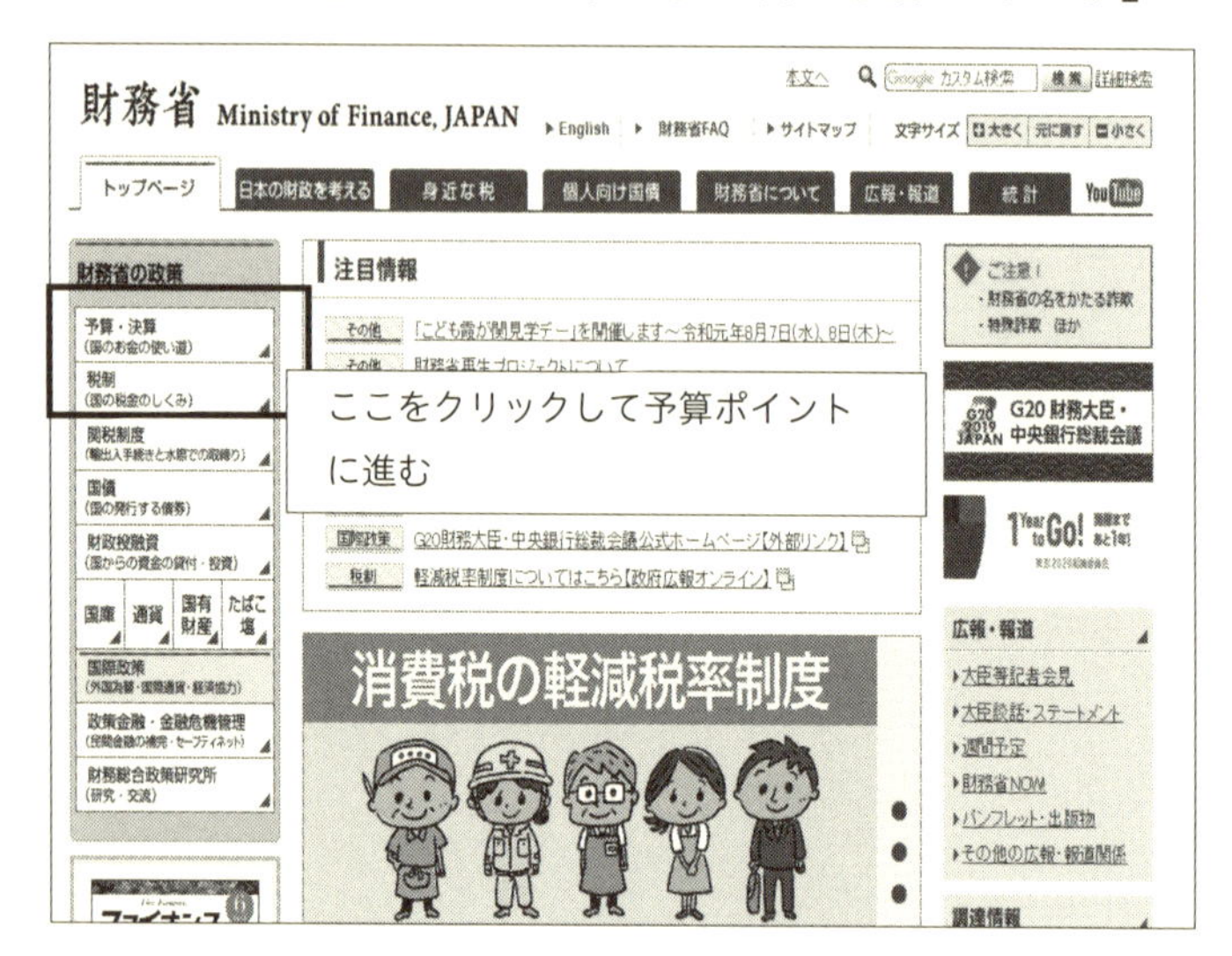


## その年度のトピックをザックリ把握

### 平成31年度予算のポイント

○ **全世代型の社会保障制度**への転換に向け、**消費税増収分**を活用した**幼児教育の無償化、社会保障の充実**

・幼児教育・保育の無償化 （20 [幼児教育の無償化] **公費＋8,110億円 （国費＋7,157億円***1）
・介護人材の処遇改善 （2019年 … 国費 ＋3,882億円*2）
・年金生活者支援給付金の支給 … 国費 ＋213億円）
・低所得高齢者 … （国費 ＋1,859億円）
[消費税の引上げ] ＋654億円 （国費 ＋327億円） 等

*1，2 幼児教育 … に伴う子ども・子育て支援臨時交付金（仮称）**2,349億円**が含まれており、これを除いた … **＋4,808億円**、**＋1,532億円**となる。

○ 消費税引上げによる**経済への影響の平準化**に向け、施策を総動員（**「臨時・特別の措置」：国費２兆280億円**）
・中小小売業等に関する消費者へのポイント還元 ……… 2,798億円
・低所得・子育て世帯向けプレミアム付商品券 ……… 1,723億円
・住宅の購入者等への支援 －すまい給付金 ……… 785億円
－次世代住宅ポイント制度 ……… 1,300億円
・防災・減災、国土強靱化対策 ……… １兆3,47 [国土強靱化]

○ 重要インフラの緊急点検等を踏まえた**「防災・減災、国土強靱化の** … き、緊急対策160項目について、**2020年度までの３年間**で集中的に実施
⇒ 2018年度２次補正、2019・2020年度「臨時・特別の措置」を活用（2019年度：１兆3,475億円） 【再掲】
※ 2018年度第２次補正予算と合わせて**国費2.4兆円**、2020年度までの**３年間の事業規模は概ね７兆円程度。**

《財政の健全化》

○ 「新経済・財政再生計画」の下、歳出改革の取組を継続
・社会保障関係費：**高齢化による増**におさめるとの方針を達成（＋4,774億円）

## 経済産業省のホームページ

また、経済産業省のホームページを見てもいいでしょう。

トップに「注目ワード」という項目があり、ここには「キャッシュレス・消費者還元事業（ポイント還元事業）」というキーワードが並び、経産省が、その時点で力を入れている政策がわかります。

トップからは「政策について」を選び、さらに「予算・税制・財投」をクリックします。そして「予算」という項目から、たとえば「平成31年度予算」を選びクリックすると「平成31年度経済産業省関連予算等の概要」が表示されます。

このなかから「経済産業省関係平成31年度予算のポイント」（2019年3月27日発表）を見てみましょう。するとどのような事案にいくらの予算がついたのか、前年度の予算との増減がわかります。**予算が増えているものや新規の事業に注目**しましょう。

平成31年度では「防災・減災、国土強靭化対策」、「消費税引上げに伴う対策」が新規に上がっていました。国土強靭化対策については「重要インフラ強靭化のための緊急対策【656億（新規）】とあり、エネルギー供給関連施設等における自家発電設備、蓄電池などの整備、耐震化・強靭化対策とあります。

また、消費税関連の予算ではさきほど説明した、消費者へのポイント還元支援として「2798億円（新規）」として計上しています。

予算の第一の柱として掲げているのは「データを核としたオープンイノベーションの推進によるSociety5.0の実現」です。Society5.0はデジタル・プラットフォーム企業の整備や支援を指します。

デジタル・プラットフォーム企業とは、簡単にいえばITを活用したサービスを提供する企業と思えばいいでしょう。

たとえば「先端分野における製造技術・データの活用」では昨年度が48億円だったのに対し、11億円増額の59億円の予算がつき、「ロボット・ドローンの利活用や電動航空機技術開発を支援」としています。

量子コンピュータなどの次世代コンピュータ関連技術の研究開発などは227億円。昨年度から45億円の増額です。

国家予算を知るのは銘柄選びだけでなく、国民として自分たちが収めている税金の使い道を知っておくことにもなり、意義があると思います。（次図）

## 経済産業省のホームページ

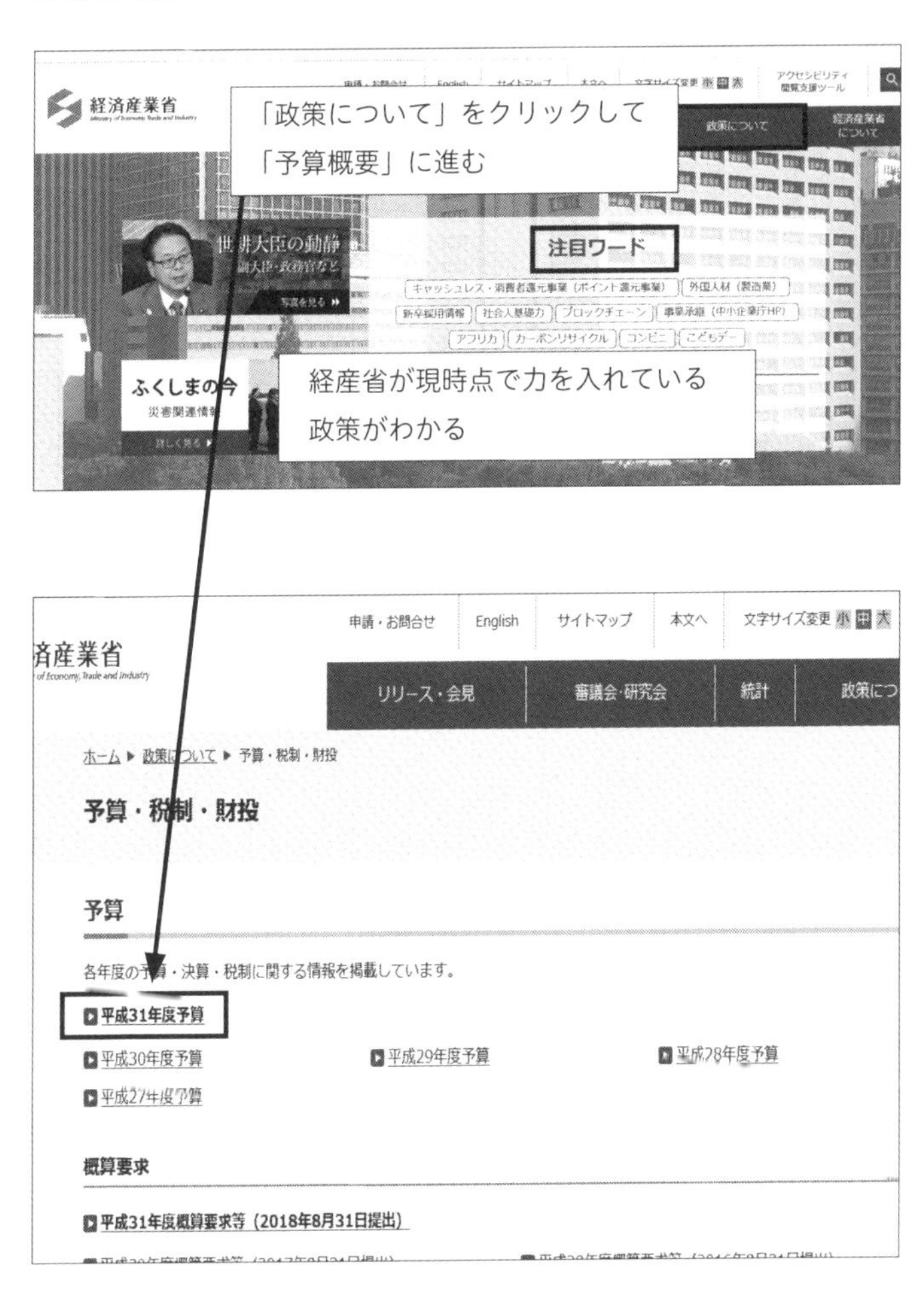

## 経済産業省の国家予算のポイント

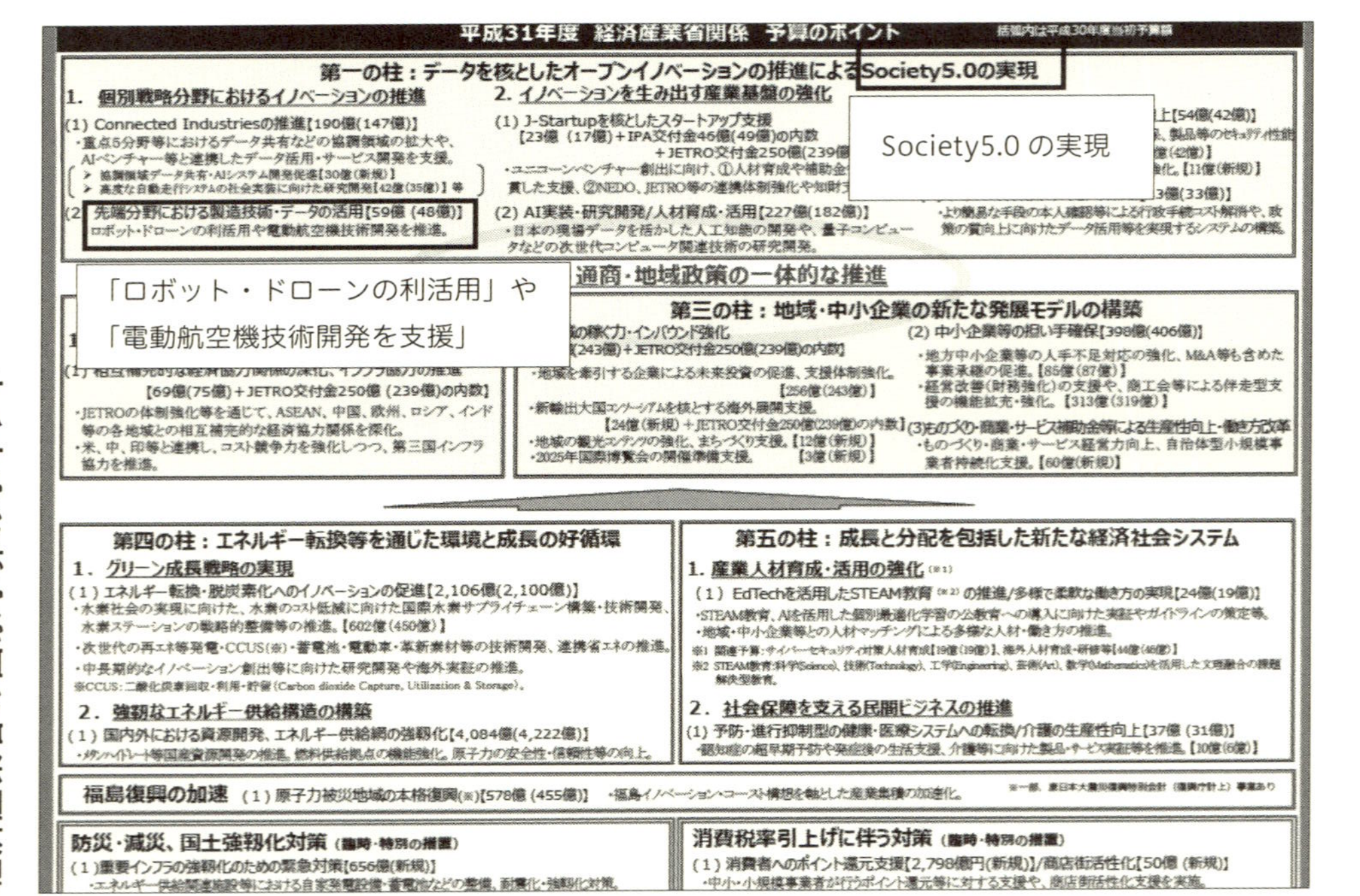

## 「タカの視点」投資法③
# 未来投資会議からドローンに注目してみた！

予算が決定し、支援を実行していく具体的な計画案は安倍首相が議長を務める「未来投資会議」を見ます。首相官邸ホームページから「政策」、「主な本部・会議体」をクリックすれば閲覧できます。「未来投資会議」と検索してもヒットします。

この会議は2016（平成28）年に設置されたもので、かなり頻繁に開催されています。**将来の経済成長を促す分野への投資を拡大するため、成長戦略を練る会議**です。

2019（令和元）年6月21日の会議では「成長戦略実行計画案」として、「Society5.0の実現」についてなどが議題に上がり、フィンテック／金融分野、次世代インフラ、脱炭素社会の実現といった項目が並んでいます。（75ページ参照）

この項目に目を通していくと「全都道府県における5Gサービスの開始」、「5G整備計画を加速する」、「利便性の高いキャッシュレスペイメント手段を実現する」、ドローンを「有人地帯」で利用できる「制度設計の基本方針を決定」、「蓄電池、水素など蓄エネ技術の高性能化」などといった目標が設けられていることがわかります。

つまり、このような分野が経済成長を促す分野とされ、今後国家予算を投じていこうというわけです。

当然、その分野の関連企業に注目が集まりますし、株価に影響することもあります。

２０１９（令和元）年の戦略会議で注目したのはドローン関連です。

未来投資会議は2016年から開催と歴史は浅いかもしれませんが、議長は首相が務め、頻繁に開催されています。

## 未来投資会議でトピックを確認

(目次)



## 未来投資会議でトピックを確認

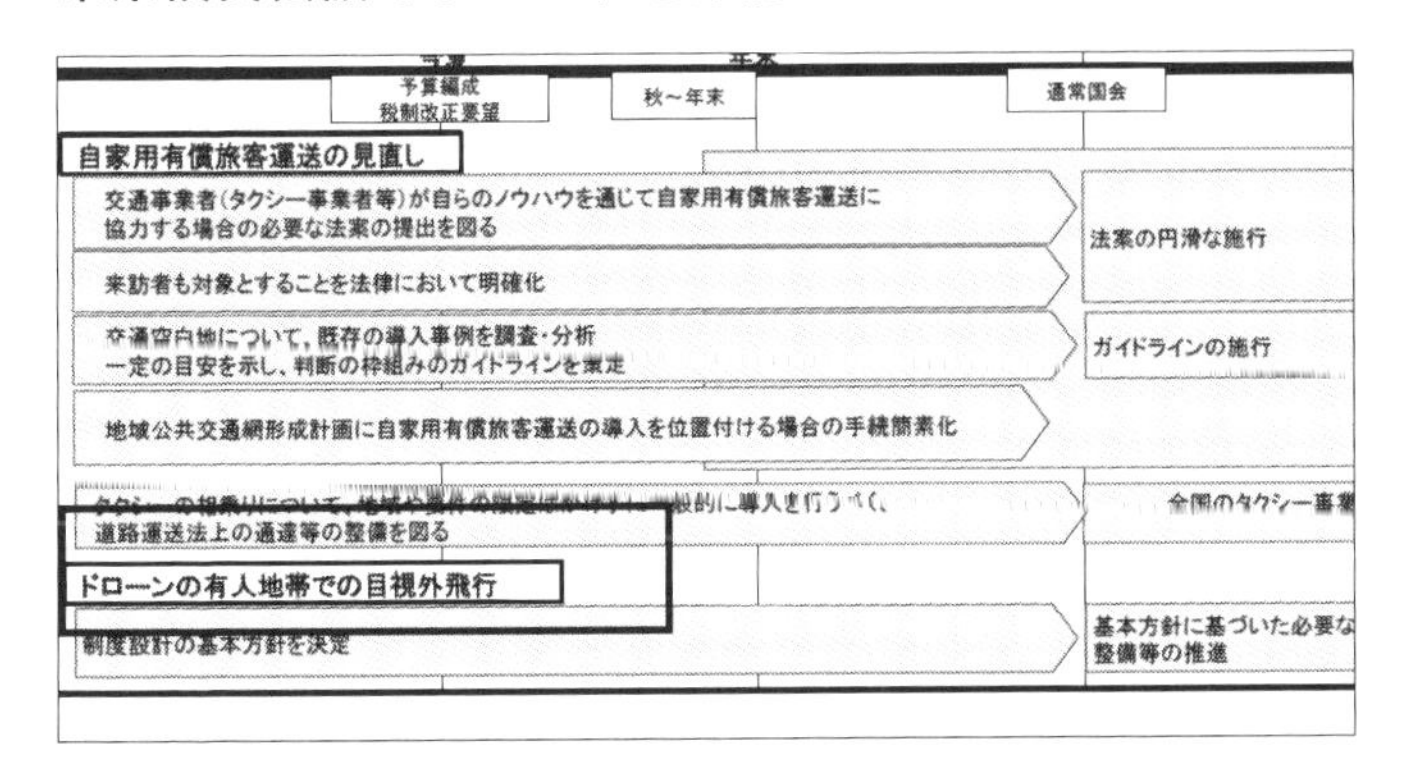

## ドローン関連で有望だったオプティム

オプティム（3694）はスマホなど端末の一括管理サービスをクラウドで提供している企業です。2017年にはドローンによるピンポイント農薬散布に成功しています。**2018年頃からドローン関連で注目**し、業務内容を調べ、決算を追ってきました。当時の株価は、分割調整後の株価で1200～2300円台です。

2018年11月14日発表の決算では減益でしたが、同年11月28日に発表した「2019年3月期通期業績見通し」では既存サービスの安定した成長により前年比売上高約120％が達成可能としています。

2019年3月期の決算ハイライトでは売上実績が120％アップしています。同社はドローン技術だけでなく、AIを利用した無人店舗、建築現場での遠隔作業支援、無人駅の監視カメラなどAI、IoT、ロボットの最先端技術を開発しています。国策に合致した業務内容です。「買える」条件が揃った銘柄といえたかもしれません。

株価は2019年5月31日は終値2593円でしたが、続伸し6月17日には高値3825円をつけています。（次図）

## オプティムは国の政策が追い風に

2019年3月期 通期業績見通し

（単位：百万円）

| | 2018年3月期 実績 | 2019年3月期 予想 | 前年比 |
|---|---|---|---|
| 売上高 | 4,210 | 5,060 | 120.2% |
| 営業利益 | 401 | 1～1000 | -99.8%～249.4% |
| 経常利益 | 404 | 1～1000 | -99.8%～247.5% |
| 純利益 | 453 | 0.62～620 | -99.9%～136.9% |

- 2019年3月期の業績は、創業来19期連続となる過去最高売上高を目指します。既存サービスの安定した成長による、売上50.6億（前年比売上高120.2%）は達成可能な見通しです。

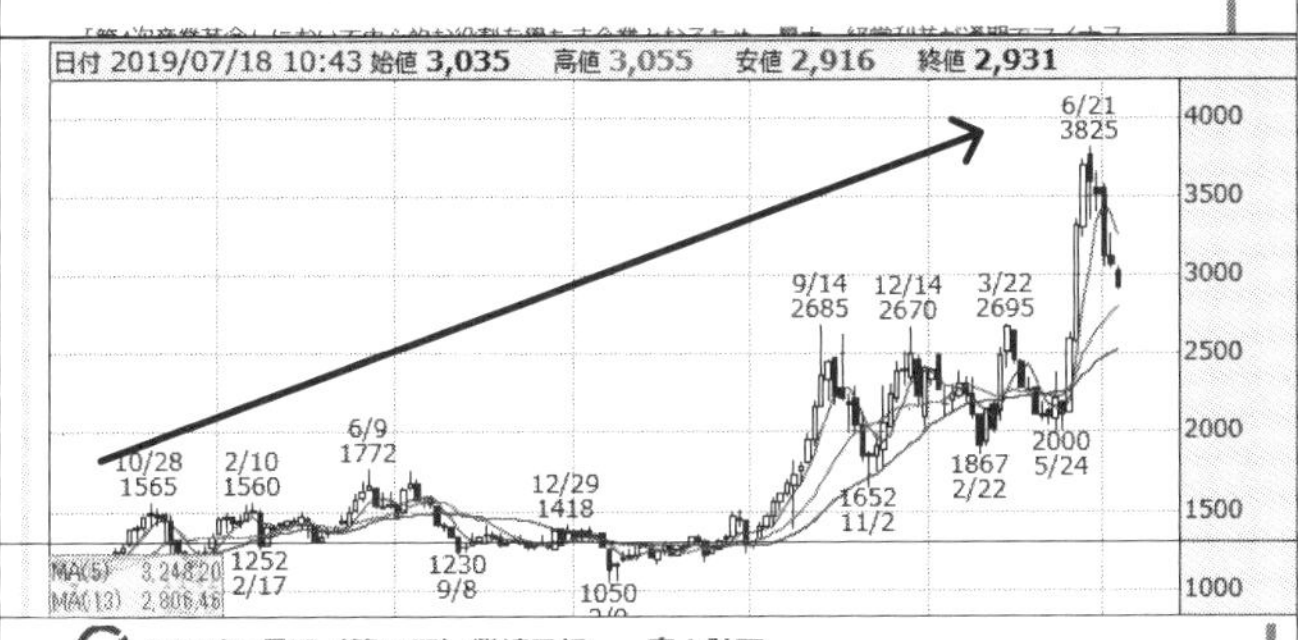


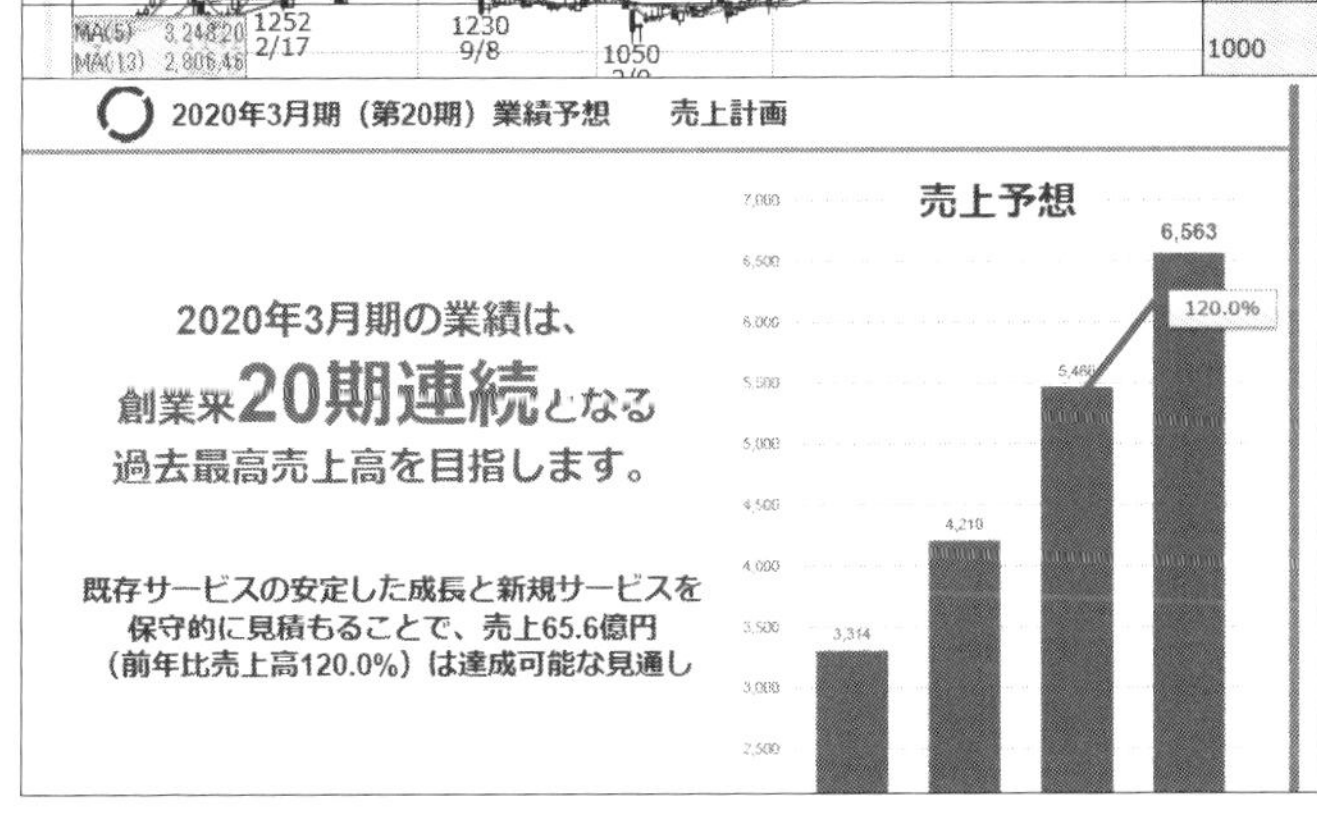

## 「タカの視点」投資法④

# 「国土強靭化」から関連銘柄を連想すると…

**国土強靭化で注目したのは応用技術（4356）**でした。建設、土木分野向け構造解析、積算システムの開発、防災、環境評価シミュレーションなどを手掛ける企業です。

平成31年度国家予算のポイントでは2018年から2020年度までの3年間の事業規模はおおむね7兆円程度としています。つまり、2020年までは国からお金が入ってくるということです。

具体的な取組を見ると河川・砂防・道路、ため池、電力インフラなど9項目があります。このなかでもっとも資金が投入されるのは河川・砂防・道路で7153億円。そのなかでも、ここ数年の大雨による被害などを考えると河川に対する防災対策にお金が流れそうです。

応用技術のホームページで「商品・サービス一覧」を見ると「水門、堤防、河川構造物、上下水道設備など」を対象とした構造解析が得意分野のひとつに上がっています。

決算を調べると、2019年5月9日発表の第1四半期決算短信では営業利益では対前年比約187％増、経常利益は約186％増です。

添付の「経営成績に関する説明」を読むと、公共事業の分野では防災・減災対策などへの予算配分が増加し、受注が堅調に推移、公共投資が持続、河川構造物などの耐震解析業務の売上高が伸長したとあります。

決算発表の翌日は300円高のストップ高1755円をつけ、29日には2952円の年初来高値でした。（80ページ下図）

私は決算を確認してから、買っています。高値掴みという懸念ですが、好決算と国策が背景にあり、高値でも買うことができました。

今まで国土強靭化というと建物、建築と考えがちですが、予算のポイントを読み、**土砂崩れや川の氾濫といった最近の状況を思い出せば「河川の防災もある」と連想**できます。するとこのような銘柄にいきつくことができます。

## 河川、砂防、道路が資金投入的に激アツ

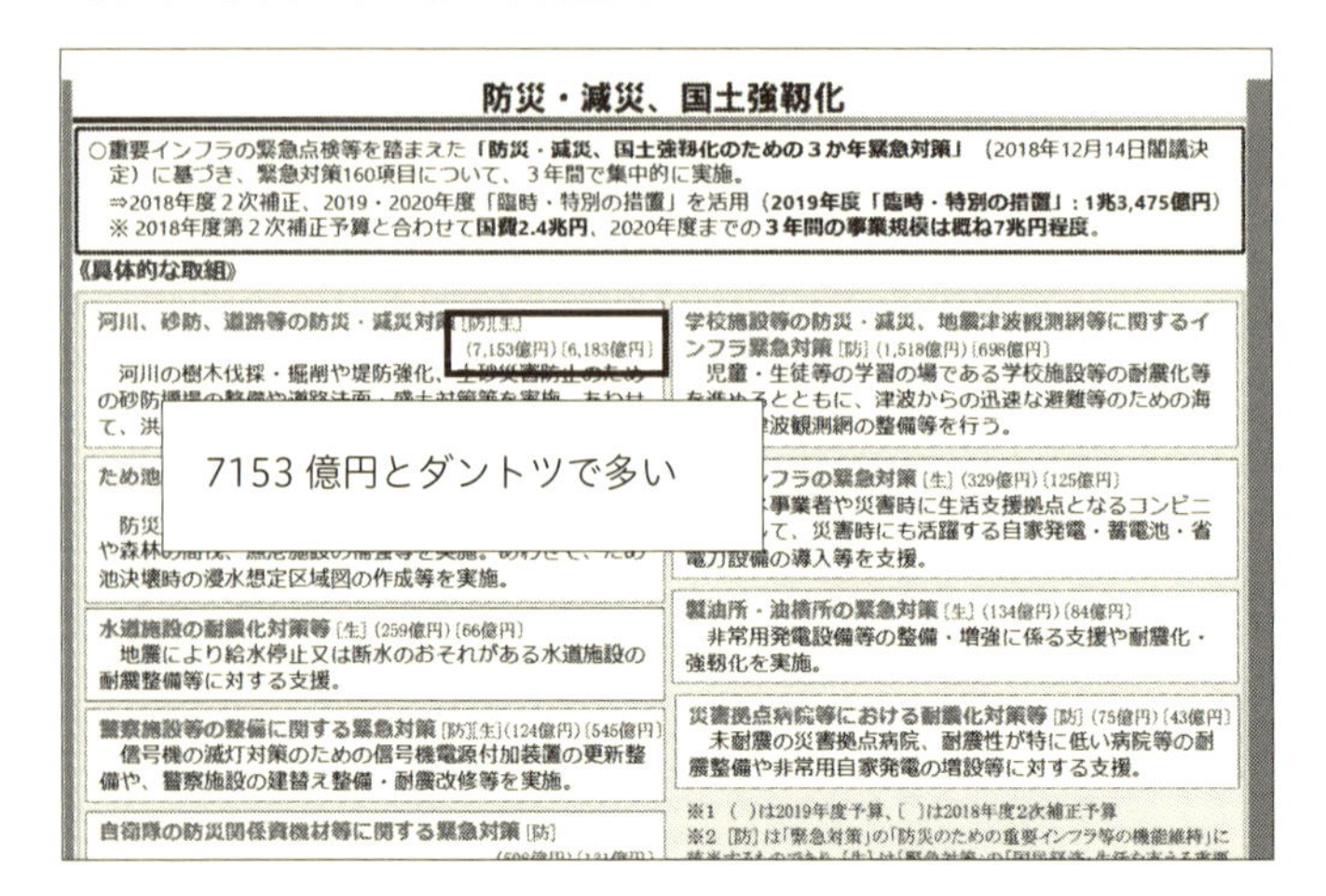

防災・減災、国土強靱化

○重要インフラの緊急点検等を踏まえた「防災・減災、国土強靱化のための３か年緊急対策」（2018年12月14日閣議決定）に基づき、緊急対策160項目について、３年間で集中的に実施。
⇒2018年度２次補正、2019・2020年度「臨時・特別の措置」を活用（2019年度「臨時・特別の措置」：1兆3,475億円）
※ 2018年度第２次補正予算と合わせて国費2.4兆円、2020年度までの３年間の事業規模は概ね7兆円程度。

《具体的な取組》

河川、砂防、道路等の防災・減災対策〔防〕〔生〕（7,153億円）〔6,183億円〕
河川の樹木伐採・掘削や堤防強化、土砂災害防止のための砂防堰堤の整備や道路法面・盛土対策等を実施。あわせて、洪

ため池

防災
や森林の間伐、親宅施設の補強等を実施。あわせて、ため池決壊時の浸水想定区域図の作成等を実施。

水道施設の耐震化対策等〔生〕（259億円）〔66億円〕
地震により給水停止又は断水のおそれがある水道施設の耐震整備等に対する支援。

警察施設等の整備に関する緊急対策〔防〕〔生〕（124億円）〔545億円〕
信号機の滅灯対策のための信号機電源付加装置の更新整備や、警察施設の建替え整備・耐震改修等を実施。

自衛隊の防災関係資機材等に関する緊急対策〔防〕

学校施設等の防災・減災、地震津波観測網等に関するインフラ緊急対策〔防〕（1,518億円）〔698億円〕
児童・生徒等の学習の場である学校施設等の耐震化等を進めるとともに、津波からの迅速な避難等のための海底地震津波観測網の整備等を行う。

インフラの緊急対策〔生〕（329億円）〔125億円〕
事業者や災害時に生活支援拠点となるコンビニ
して、災害時にも活躍する自家発電・蓄電池・省電力設備の導入等を支援。

製油所・油槽所の緊急対策〔生〕（134億円）〔84億円〕
非常用発電設備等の整備・増強に係る支援や耐震化・強靭化を実施。

災害拠点病院等における耐震化対策等〔防〕（75億円）〔43億円〕
未耐震の災害拠点病院、耐震性が特に低い病院等の耐震整備や非常用自家発電の増設等に対する支援。

※1 （ ）は2019年度予算、〔 〕は2018年度2次補正予算
※2 〔防〕は「緊急対策」の「防災のための重要インフラ等の機能維持」に



## 応用技術の株価は年初来高値に！

## 「タカの視点」投資法⑤
# 5G関連銘柄に以前から注目していたプロセス

このように政府のホームページが銘柄選びでは多くのヒントを与えてくれることをお話しました。

政府のホームページを調べる順序は以下のようになります。

①最初に財務省の国家予算を調べ、大ワクを把握する
②経産省で予算のポイントを押さえ、興味のある分野があれば、関連銘柄の情報をインターネットや出版物で仕入れる。
③首相官邸ホームページにアップされている未来投資会議を読み、何か新しい動きがないかをチェックする。

経産省、財務省のホームページを閲覧することをお勧めします。

少し前の話ですが、経産省による「コンビニ電子タグ1000億枚宣言」が経産省のホームページにアップされたことがありました。（84ページ上図）

2017（平成29）年4月18日に経産省が発表した政策で2025年までにセブン-イレブン、ファミリーマートをはじめとするコンビニエンスストア各社と共同で全ての取扱商品に電子タグをつけ、商品管理を実現するという政策です。

電子タグの導入は無人レジの導入に拍車をかけます。

2017年以降、電子タグ関連銘柄、無人レジ関連銘柄は注目を集めています。

そのなかでヴィンクス（3784）は2017年4月21日に高値532円をつけ、11月2日には高値791円、翌4月20日は高値2159円まで上がりました。1年で4倍近い上昇です。（84ページ下図）

暇な時間に政府のホームページを閲覧しましょう。

投資のヒントがもらえることがあります。

さて、2019年、私が気にかけているテーマは5Gです。このテーマは当分、続くと思います。

5Gは第5世代移動通信システムのこと。現在、一般に利用されている4Gをはるかにしのぐ大容量の情報が高速で送れるシステムです。

その応用範囲は動画コンテンツ、ゲームはもちろん、自動運転、交通管理、医療分野へと限りなく広がるといっても過言ではありません。

正直にいって私自身、5Gについては、まだ、勉強段階といった感じです。関連銘柄もインフラ、アンテナ、ソフトウェアと多岐にわたると思います。

そのなかで**思い浮かぶのはアンリツ（6754）**です。5Gをどのように利用しようと、基地局を選ぶさい、端末につながるか、基地局としてふさわしいか計測する機器が必要になるはずです。アンリツはその計測機器を開発・提供しています。

株価は5月21日に安値1554円をつけ、7月2日には1949円まで上がりました（85ページ上図）。**今後、予算がつくと予想される分野について関心をもって情報を収集しておくといい**でしょう。

## コンビニ電子タグ

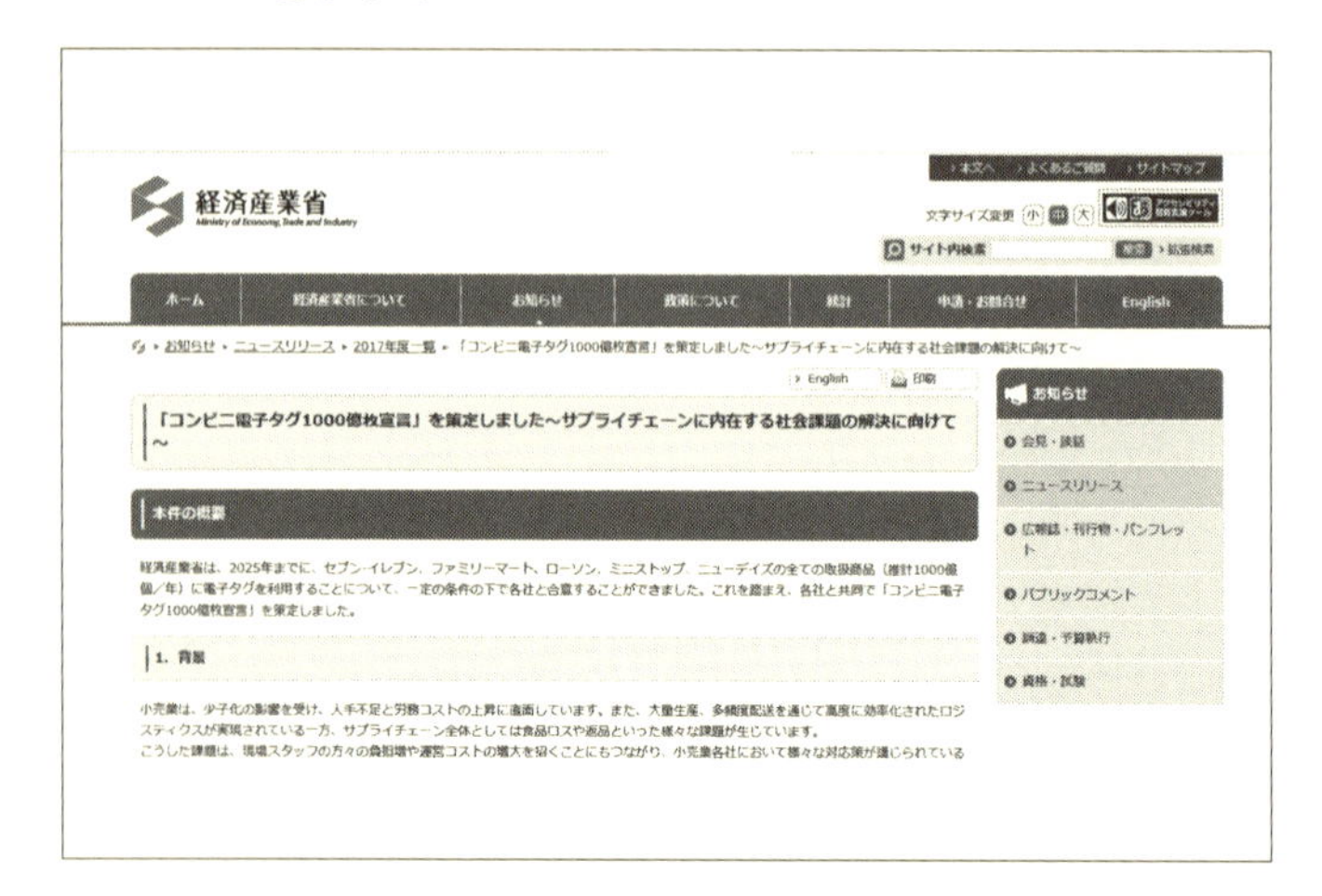


## ヴィンクスの株価

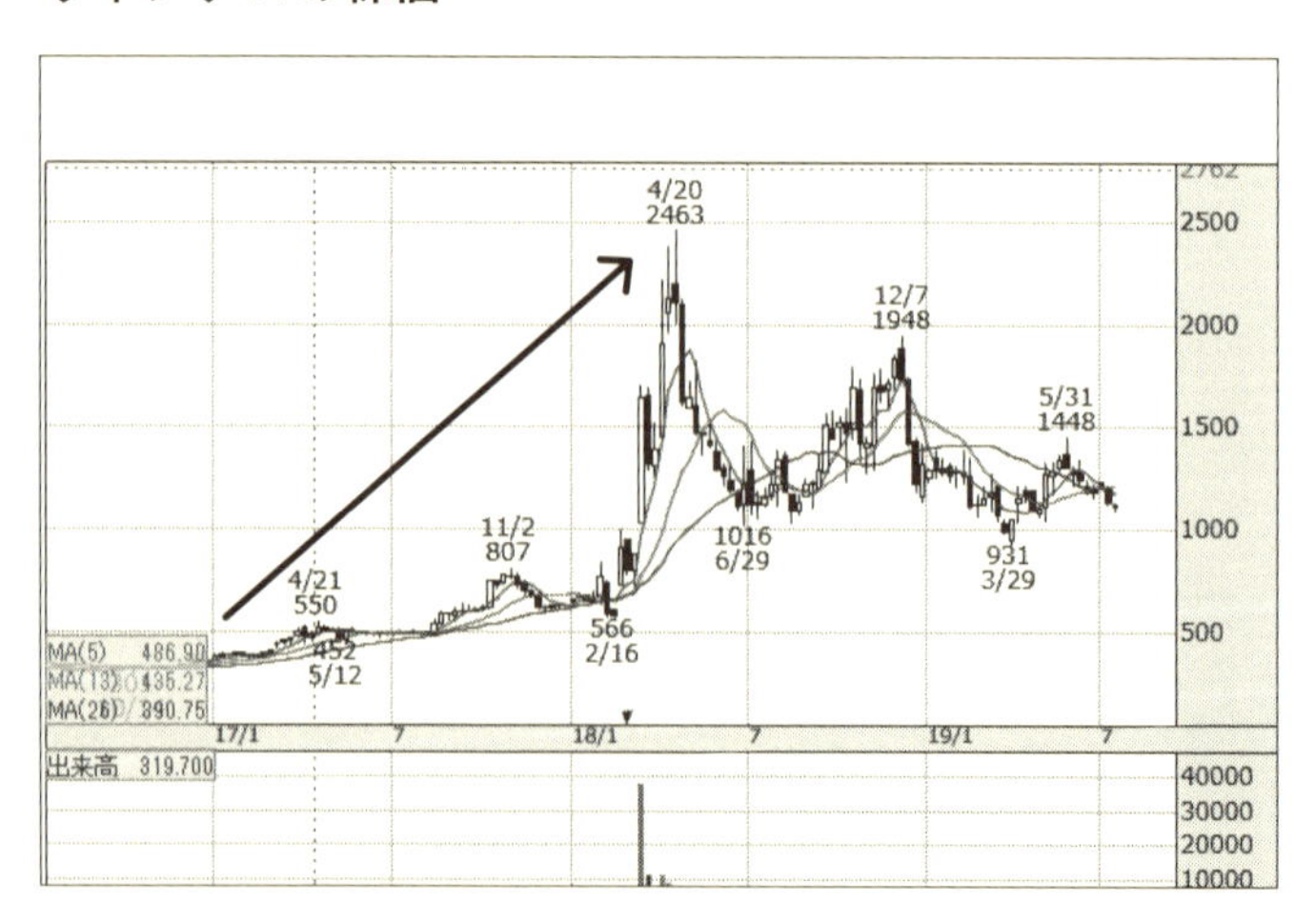

## アンリツの株価

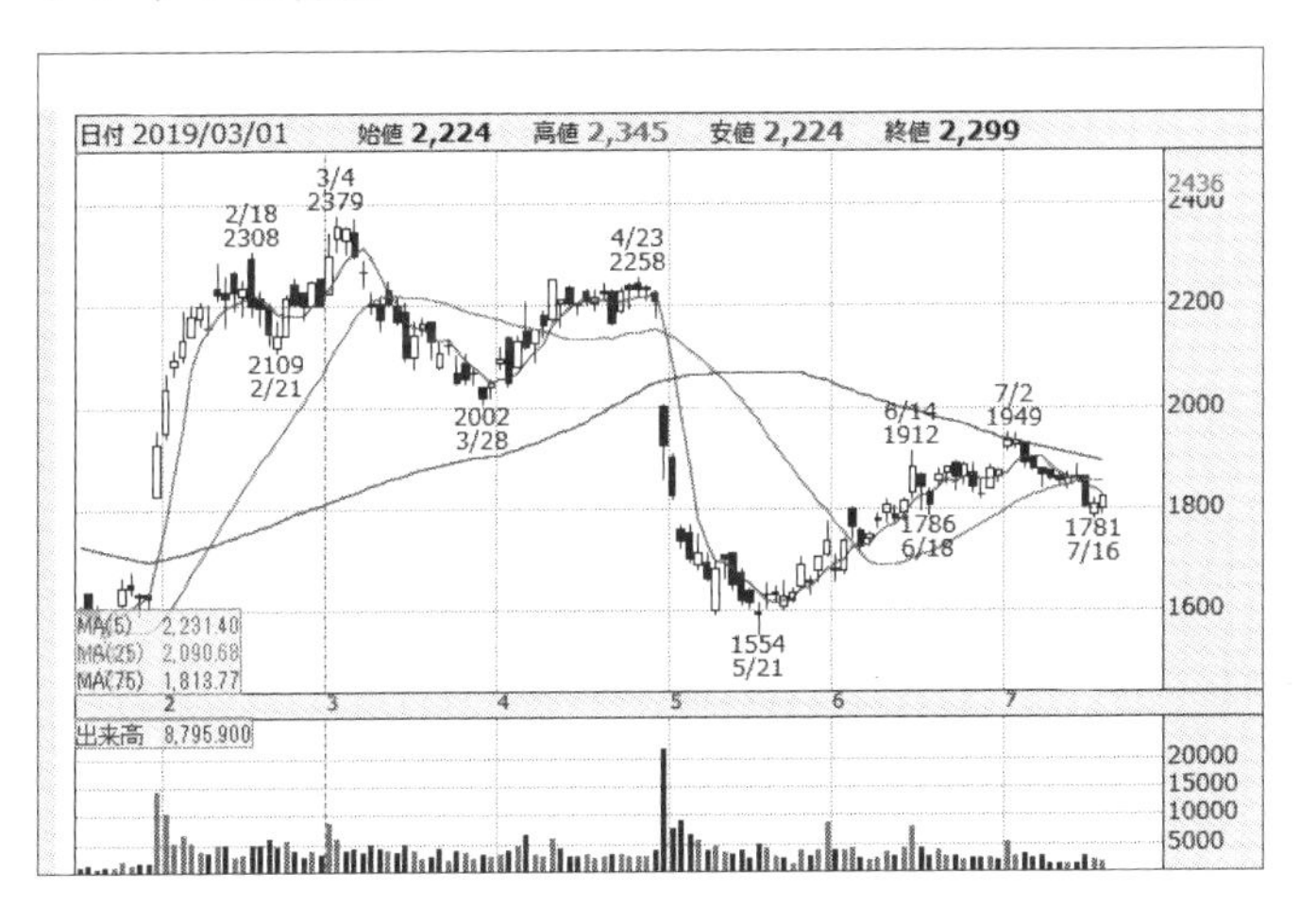

5Gはインフラ、アンテナ、ソフトウェアと投資先も豊富。
連想しがいのある分野です

## ひとつの事項から投資連想を膨らませるちょっとしたコツ

銘柄選びはある意味、**妄想をいかに膨らませるか、連想できるかにかかっている**ところがあります。

5Gもそうですが、国家予算を見て、5Gが組まれているなら、5Gはどのような用途があるのか、基地局はどうなるのだろう、自動運転に利用できるなら、どんな技術が必要なんだろう、遠隔操作、画像処理……というようにどんどんイメージを膨らませていきます。5Gに限らず、どのような分野でもその分野に関連するイメージを膨らませる……。

連想を重ねていくということです。

すると企業名が浮かんでくることもあります。また、新聞や雑誌で何かの記事を読んだ時、「あっ、これは5G関連かもしれない」「これは防災かな」とひらめくこともあります。

## 決算短信による業績判断時私が気をつけていること

これと思う銘柄を選んだら、必ず決算を確かめて、業績を確認しましょう。

それには決算短信を見ます。

**決算短信は企業のホームページでIR情報を選べば閲覧できます。**

最初のページには売上高、営業利益、経常利益といった業績に関する数字が並んでいます。

売上高、営業利益が伸びているかどうかを確認します。売上高が伸びていても営業利益が減益になっていることがあるからです。そして添付資料をチェックします。1ページ目だけで添付資料を見ない人がいますが、これから投資する企業なのですから、ちゃんと読んでおきましょう。

この資料には何故、業績が上がったのか、減額になったのか、業務のどの分野が業績に貢献したのか、逆に足を引っぱってしまったのかが、説明されています。

初心者はなかなか、理解しにくいかもしれませんが、やはり株価は業績に左右されるのが基本ですのでざっとでもいいから目を通してください。

たとえば、売上高が伸びていても営業利益が減少している決算のときは「利益が伸びない原因は何か？」と考えることが重要です。

# 第3章
# 利益を底上げする「たけぞう流」エントリー法

# ど素人なら たった1銘柄だって買えたら大きな進歩

銘柄選びでは興味のある銘柄が数多くあったかもしれません。では、実際にお金を投じる銘柄はいくつぐらいがいいでしょう？

興味のある銘柄が1つしかなかったのなら、迷う必要はありませんが、10銘柄もあったら困りますね。

資金力にもよりますが、**初心者なら1～3銘柄ぐらいに絞る**ことをおすすめします。

理想論をいえば**エントリーは値動きが異なる銘柄に分散してほしい**と思います。ここでエントリーというのは株を買うことです。その株を売却することをエグジットといいます。

さて、分散ですが、たとえば2銘柄を買うとして2銘柄とも内需関連株にしてしまうのではなく1銘柄を内需関連株、もう1銘柄を外需関連株というように**値動きが異なる株を組み合わせてポートフォリオを組む**方法です。

ポートフォリオとは「金融商品の組み合わせ」のことで、「ポートフォリオを組む」といえばどの投資信託を購入するか、どの銘柄を何株ほど保有するかという意味になります。

例にあげた**内需関連株**ですが、事業基盤が国内にある企業の株式を指し、不動産、建設、電鉄、電力、金融関連、鉄鋼、紙・パルプなどがそれに当たります。

反対に**外需関連株**は海外事業が業績のメインになる企業の株式です。自動車、電機、総合商社などがあり、輸出比率が高い銘柄が多くあります。

前に円高・円安は株価に少なからず影響を及ぼすとお話しました。輸出関連株にとって円高になると業績の悪化が予想され、株価は下落、円安では好業績への期待から株価は上昇するという傾向があります。

しかし、内需関連株は為替レートにさほど影響を受けません。

そこで投資するなら、内需関連株と外需関連株をバランスよく組み合わせると、為替レートがどちらにふれてもある程度、リスクは抑えられ、利益を上げやすいというわけです。

**ディフェンシブ関連銘柄**というのもあります。この銘柄は景気の影響を受けにくく業績が比較的安定しているとされる銘柄です。生活必需品である食品、医薬品、社会インフラの電力・ガス、鉄道などが、この銘柄に当たります。

その反対が**景気敏感株**です。紙・パルプ、鉄鋼、化学などの素材産業や工作機械メーカーなどの銘柄を指します。景気の動向により、受注高や業績が左右される銘柄です。複数の銘柄でポートフォリオを組むなら、分散しておいたほうがよいということなのです。

経験を積めばポートフォリオの組み方などがわかってきますが、初心者には難しいと思います。為替レートや景気の動向により、値動きの異なる銘柄群があるということだけ、知っておいてください。

さて、投資する銘柄ですが、最初はそこまで考えず、自分が投資をしてみたいと思った株に投資してみましょう。

# 株価を大きく左右する「需給」って何？

銘柄選びと少し重複するかもしれませんが、私は銘柄を選び、売買するときには需給動向をけっこう、気にしています。

需給とは売りと買いの関係を指します。つまり、買いたい人＝需要、売りたい人＝供給のバランスです。株価は需給の多い方に傾きやすいものです。

「需給がいい」「需給が悪い」といいますが、需要が供給より多ければ株価は上昇、その反対に供給が多くて需要が少なければ株価は下落する傾向があるということです。

つまり、買いたい人が多ければ株価は上がるということです。

業績がよければ買いたい人も多く、そのような銘柄の株価は上昇するといいたいところですが、そうとは限りません。

好業績なのに株価は変化せず、期待外れの業績なのに株価が上昇することもあります。その背景として需給のバランスが考えられます。

業績に関係なく、需要が多ければ株価は上がりやすいのです。

そうなると投資するときには需給のいい銘柄を選びたくなります。では、需給は何をみて判断するのでしょう?

初心者にわかりやすい判断手段としては信用取引の買い残、売り残をチェックする方法があります。

信用買いの買い残、売り残について少し説明しましょう。

## 「買い残は将来の売り需要になる」ということは…

株の取引では証券会社に現金や株券を担保として預け、お金を借りて株を売買する「信用取引」という方法があります。

その信用取引で買った株で決済されていない株の残高を「買い残」といいます。

信用取引では資金を借りて株を買う以外に**株を借りてその株を売って利益を得る**

**「空売り」という取引もできます。**

空売りは、たとえばある銘柄の株価が１００円で、この先下落すると予想したら、その銘柄の株を１０００株借りて売り、80円になったときに買い戻し、返済します。すると10万円で売った株１０００株を８万円で買って返済するのですから差額の２万円が手元に残ります。これが空売りです。

**空売りでまだ買い戻されていない株の残高を「売り残」**といいます。

さて、信用取引は返済期間が３ヵ月または６ヵ月と決められています。そこで期限までに売買をして決済をしなければなりません。

買い残が多いのは買い需要が多いとも考えられるため、短期的には株価上昇につながることがあります。

しかし、信用取引で買っている投資家は期日までに売り決済をする必要があります。買い残が多いのは「株価が上がったら、売却して利益を確保しよう」と思っている投資家が多いということです。

そこで株価が少し上昇すると売りが入り、すんなりと上昇しにくくなります。

また、少しでも下がれば、「損が膨らむ前に売って逃げよう」という投資家が多くなり、下落に拍車がかかることもあります。

**買い残が多いのは株価の先行きにとって売り圧力が増加しているともとれ、需給が悪いと考えられます。**

## 「売り残は将来の買い需要になる」ということは…

空売りは下落局面で利益を出す方法です。ですから、**空売りが増えているのは短期的には下落が続くと予想できます。**

しかし、空売りでは空売りを仕掛けた株価より株価が上昇すると損失となります。決済するには買い戻さなければなりません。

下落が続くと空売りも増加する一方、そろそろ底値と判断する投資家も現れます。彼らは安く買うチャンスを狙っていますから、好決算やいいニュースが出ると買い注文を出し始めます。するとそれを見ていた他の投資家も買い始め、株価は下落から一転、上昇に転じる局面があります。

**空売りでは株価が上昇すると損失が出ますから、空売りを仕掛けていた投資家は損を出す前に決済しようと買戻しを始めます。それが上昇に弾みをつけることにもなる**のです。

ですから、売り残は将来の買い需要につながるというわけです。

## 信用倍率を確かめてから売買を決めてもいい

**信用買い残÷信用売り残で導き出される数値を信用倍率**といいます。信用取引の買いと売りの需給を知る数値です。

たとえば信用買い残が500万株で売り残が250万株なら、500万株÷250万株＝2で信用倍率は2倍です。

反対に買い残が250万株で売り残が500万株なら、250万株÷500万株＝

0・5で信用倍率は0・5倍です。

さきほど買い残が多いと将来の株価下落、売り残が多いと将来の株価上昇になりやすいとお話しました。

どちらが多いかは信用倍率で調べることができます。

売り残、買い残の両方が同数なら倍率は1です。

すると**1倍以上なら買い残が多く、以下なら売り残が多い**といえます。**倍率が高いほど、先行き株価が売られる可能性が高く、倍率が低いほど先行き株価は上昇する可能性が高いと判断**できます。

ほとんどの証券会社では口座を開くと信用倍率や信用買い残増、信用売り残増の銘柄をチェックできる情報を提供してくれます。

無料で見られるサイトとしてはYahoo! ファイナンスがあり、銘柄情報の下に信用買残、信用売残、貸借倍率がアップされています。(次図)

また日証金・COM(https://www.nisshokin.com/)では銘柄別に買い残、売り残、倍率を調べることができます。

売買を検討するさい、信用倍率も気にかけるといいでしょう。

## Yahoo!ファイナンスでチェック

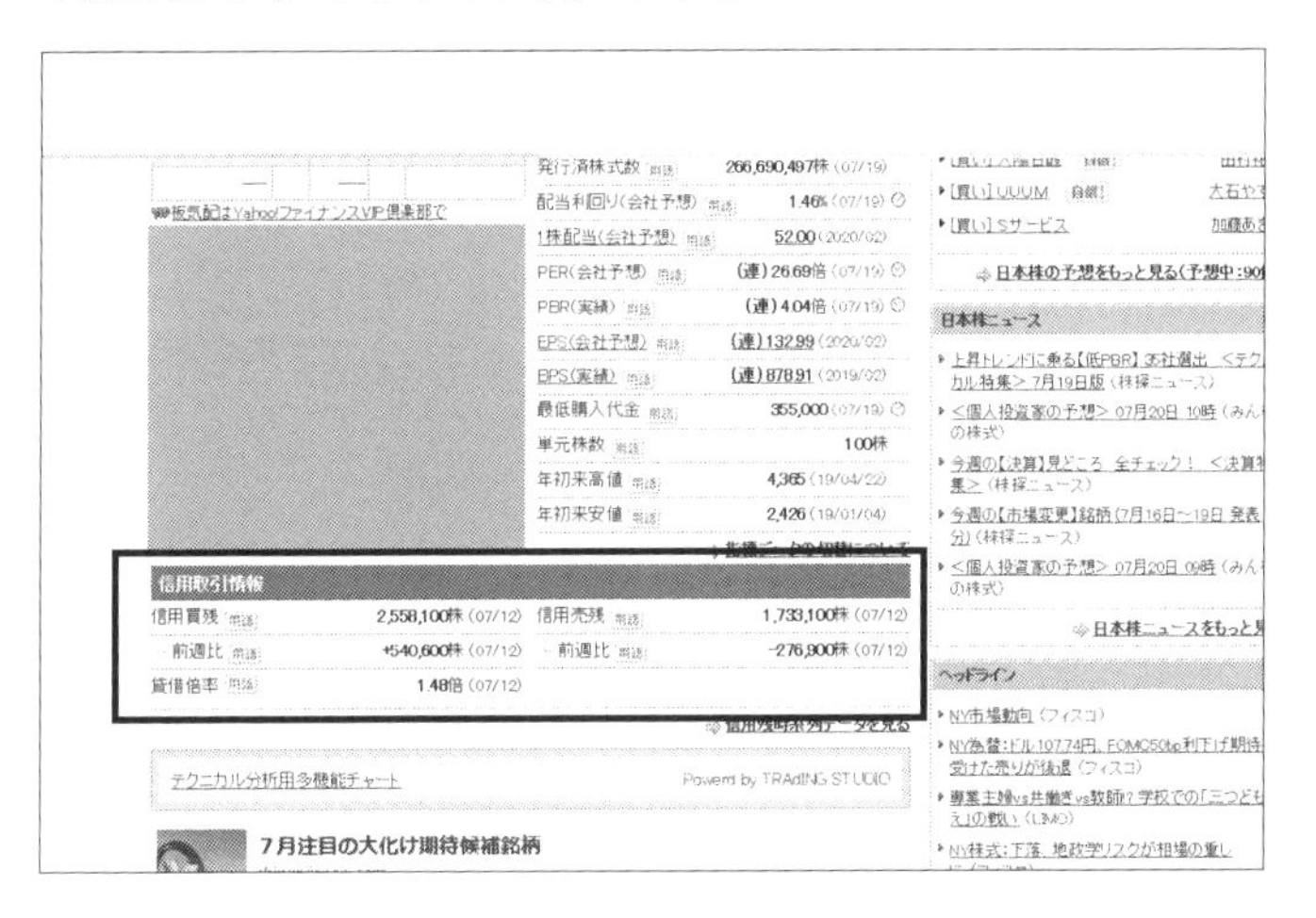

売買を検討する際は信用倍率なども気にかけましょう

## 買い残が多く上値が重かった安川電機の例

買い残が多かった安川電機（6506）の例をあげましょう。（102ページ参照）

2018（平成30）年7月12日に発表した第1四半期決算は決して悪い内容ではありませんでした。会社では決算短信の添付資料で「売上高・営業利益は高い水準となりました」とコメント、10月10日発表の第2四半期決算短信では「上期業績としては過去最高」と言っています。

株価を見ると1月に高値をつけて下落、7月から12月まではほぼ横ばいのさえない推移です。その理由ですが、中国・製造業景気の減速、中国人民元安への警戒感などさまざまですが、ひとつには需給も関係しているようです。

安川電機の2018年7月から12月までの買い残、売り残のグラフを示しました。

これを見ると7月から12月までは、買い残がかなり売り残を上回っています。この間、株価は下落して横ばいです。上昇に転じたのは2019（平成31）年1月4日安値をつけて以降です。

そのときの買い残を見ると決済が進んだらしく、買い残は減少し、反対に売り残が増えています。

このように**信用倍率から、需給を知り、株価の動向を予測することもできる**のです。

買い残と売り残の比率が反転するようなときは、それに連れて株価も変動しがち。注意を払うようにしましょう。

## 安川電機の需給状況と株価推移

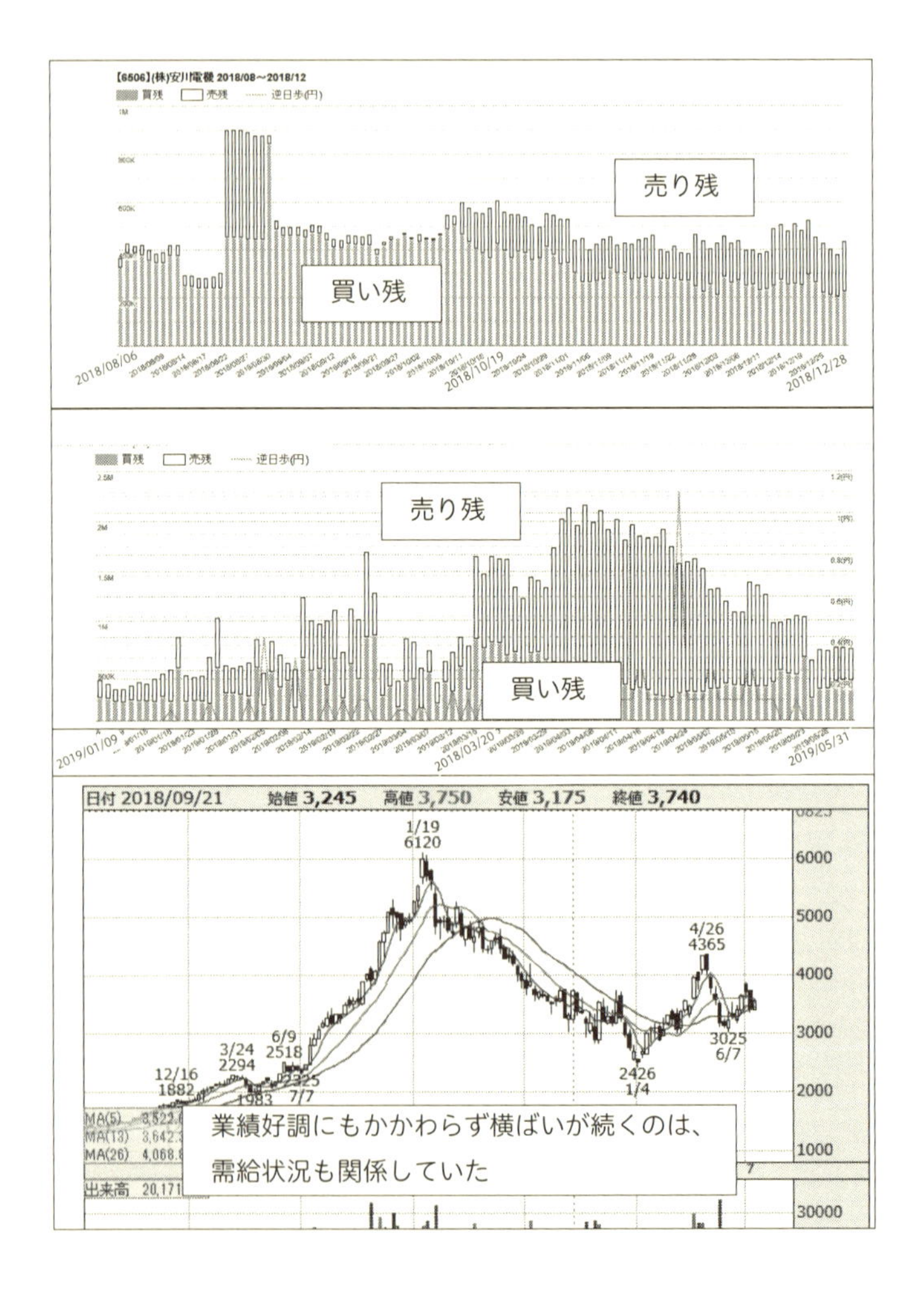

## 売り残が多く踏み上げで上昇したユニファミマの例

売り残から株価上昇になったのがユニー・ファミリーマートホールディングス（8028）です。ユニー・ファミリーマートホールディングス、略してユニファミマはコンビニエンスストア「ファミリーマート」を運営するコンビニ大手です。（※2019年9月より社名「ファミリーマート」に変更）

ユニファミマのケースでは安川電機と反対に売り残が積み重なり、それが株価を押し上げています。（105ページ参照）

株価の推移ですが、2018年9月14日終値2643円から上昇を続け、11月30日には高値4105円をつけています。2ヵ月間で1462円も上がったことになります。

上昇が続いた期間の信用倍率は1倍以下。売り残ばかりです。**この上昇は「踏み上げ」が原因**と思われます。

**踏み上げは空売りをしている投資家の損切りによって起こります**。株価が下落すると予測し、空売りをしたものの、思惑と反対に株価が上昇したため、損失が大きくなる前に買戻しによる決済を行っている結果なのです。それが連日、続いた結果、この上昇になったと考えられるのです。このときは株関連の掲示板などで踏み上げが大きな話題になっていました。

ユニファミマの株価が上昇した背景には伊藤忠商事のユニファミマ株の買い増し、TOB、好決算などがありました。

踏み上げ相場は、空売りしている投資家が損切りの買い戻しを始めると起こります。売り残が多い場合、気をつけましょう。

## ユニファミマは売り残が多いため…

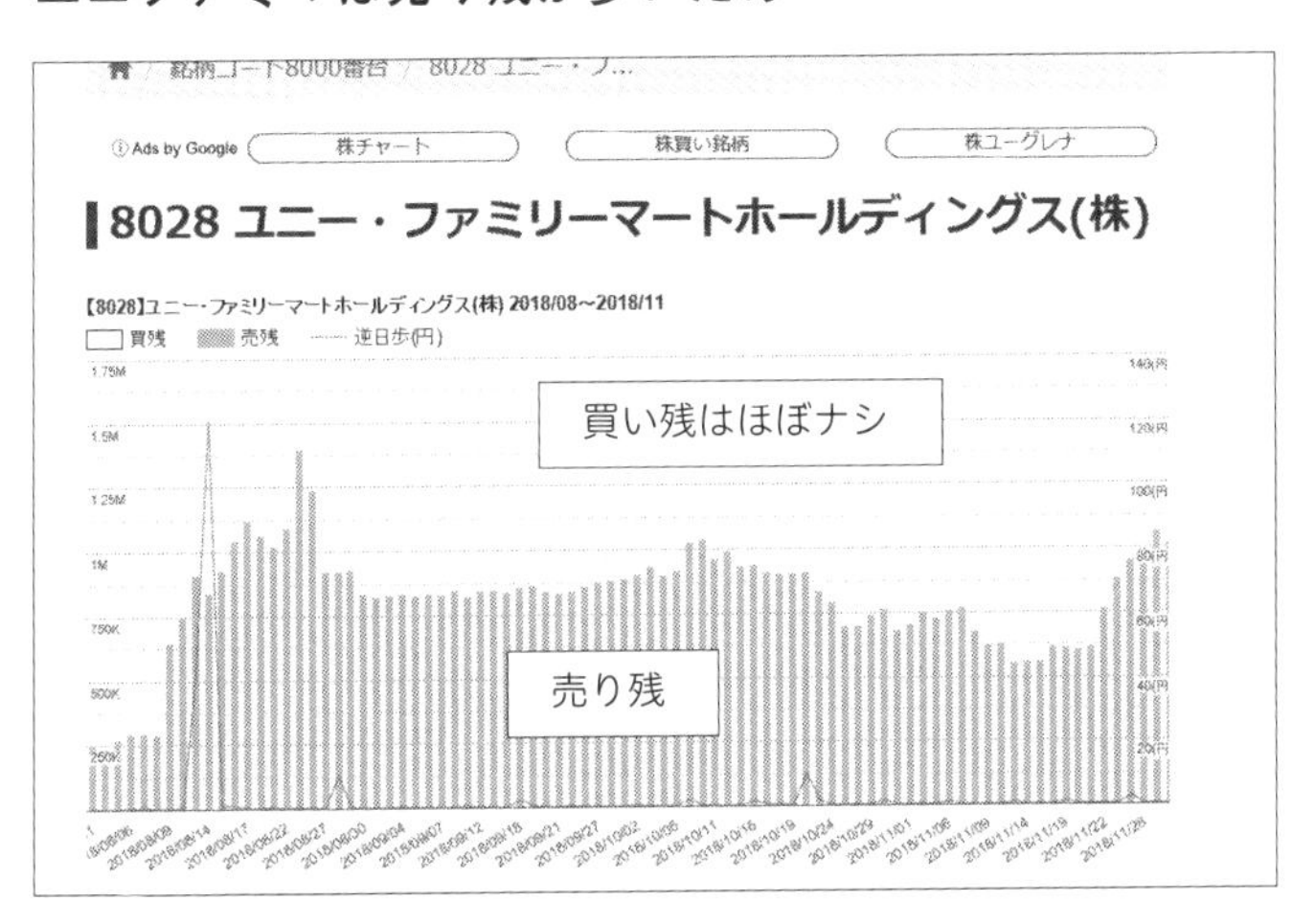


## 踏み上げで上昇した

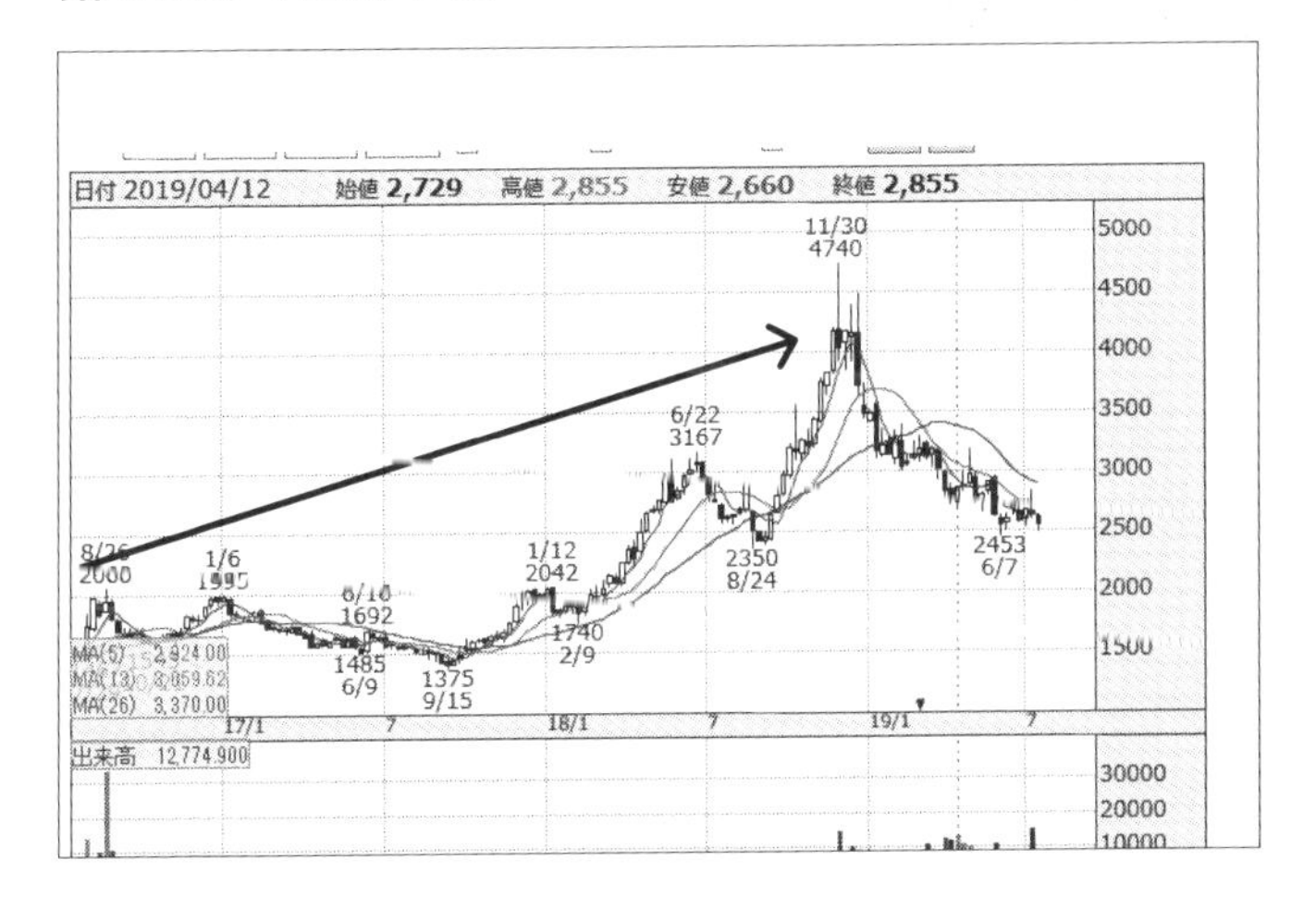

# 出来高から上昇しそうな銘柄に投資するとき心がけておくべきこと

**需給のバランスは出来高からもわかる**ことがあります。

出来高は売買高ともいわれ、株式の売買が成立した株数をいいます。たとえば100株の売り注文に200株の買い注文が入れば、100株の買いが成立するので出来高は100株になります。

出来高が多いのはそれだけ売買の注文を出した投資家が多く、売買が成立したことになります。それは**その銘柄の人気度を示している**ともいえるでしょう。

出来高上位の銘柄は証券会社のツールで確認できますし、日本取引所グループのホームページでも毎日、売買高上位30銘柄を発表しています。（108ページ上図）

2019年7月19日の上位を見ると、みずほフィナンシャルグループ（8411）、三菱UFJフィナンシャルグループ（8306）、ソニー（6758）など東証一部上場の銘柄が並びます。

**株価が上昇する前には出来高も伸びる傾向があります。**買い需要が増えてくるからです。

多くの証券会社では、いくらの株価にどのくらいの売り注文、買い注文が入っているかを見られる「板」とよばれるツールを個人投資家にも提供しています。買いたいと思った銘柄があれば市場が開く前の板を毎日見て、その変化をチェックしてはどうでしょうか。（108ページ下図）

株価が低迷しているときや、横ばいのとき、寄り付きの出来高を見ると前日よりはるかに多い、さらに1日の出来高が増えてきたら、それだけ買いたいと思っている投資家が多くなってきたと考えられます。その変化から、株価が動くかもしれないと予想できます。

出来高の増加とともに株価が上昇を始めたら、ファンダメンタルズの指標やあなたが売買の基準にしているテクニカルを合わせて検討し、エントリーしてもいいかもしれません。

## 売買高上位30銘柄

売買高上位30銘柄　　　　㈱東京証券取引所

20190719

| 順位<br>内国株式・市場第一部 | コード | 銘柄名 | 売買高（一部・二部・外株、マザーズ・TOKYO PRO Market・JASDAQスタンダード・JASDAQグロース 一般）（立会内） | 始値 | 高値 | 安値 | 終値 | 気配符号 | 気配値段 |
|---|---|---|---|---|---|---|---|---|---|
| 1 | 84110 | みずほ | 891,324 | 156.60 | 158.30 | 155.90 | 157.30 | — | — |
| 2 | 72380 | 曙ブレーキ | 397,546 | 143.00 | 157.00 | 133.00 | 150.00 | — | — |
| 3 | 83060 | 三菱UFJ | 394,431 | 517.90 | 524.00 | 515.90 | 522.90 | — | — |
| 4 | 65840 | 三桜工 | 180,888 | 490.00 | 549.00 | 482.00 | 525.00 | — | — |
| 5 | 50200 | JXTG | 159,746 | 509.80 | 512.80 | 506.00 | 511.60 | — | — |
| 6 | 94240 | 日本通信 | 150,562 | 238.00 | 250.00 | 238.00 | 244.00 | — | — |
| 7 | 34360 | SUMCO | 145,230 | 1,351.00 | 1,403.00 | 1,350.00 | 1,386.00 | — | — |
| 8 | 88040 | 野村 | 122,763 | 363.00 | 370.30 | 360.60 | 368.40 | — | — |
| 9 | 89180 | ランド | 117,710 | 8.00 | 8.00 | 7.00 | 8.00 | — | — |
| 10 | 46890 | ヤフー | 117,450 | 320.00 | 328.00 | 320.00 | 325.00 | — | — |
| 11 | 67230 | ルネサス | 104,131 | 595.00 | 614.00 | 594.00 | 598.00 | — | — |
| 12 | 72010 | 日産自 | 94,874 | 750.00 | 766.70 | 748.20 | 764.60 | — | — |
| 13 | 83080 | りそなHD | 92,549 | 450.60 | 456.20 | 448.30 | 452.50 | — | — |
| 14 | 95010 | 東電力HD | 91,557 | 516.00 | 528.00 | 515.00 | 527.00 | — | — |
| 15 | 99840 | ソフトバンクグループ | 90,682 | 4,990.00 | 5,115.00 | 4,980.00 | 5,091.00 | — | — |
| 16 | 30920 | ZOZO | 88,767 | 1,849.00 | 1,896.00 | 1,844.00 | 1,864.00 | — | — |
| 17 | 61780 | 日本郵政 | 78,805 | 1,108.00 | 1,109.00 | 1,101.00 | 1,102.00 | — | — |
| 18 | 67580 | ソニー | 76,213 | 5,743.00 | 5,860.00 | 5,742.00 | 5,838.00 | — | — |
| 19 | 72030 | トヨタ自 | 75,227 | 6,960.00 | 7,121.00 | 6,955.00 | 7,121.00 | — | — |
| 20 | 94340 | ソフトバンク | 71,489 | 1,425.00 | 1,441.00 | 1,424.50 | 1,436.00 | — | — |
| 21 | 88480 | レオパレス21 | 68,705 | 242.00 | 254.00 | 239.00 | 243.00 | — | — |
| 22 | 63660 | 千代化建 | 67,635 | 311.00 | 333.00 | 311.00 | 322.00 | — | — |
| 23 | 69760 | 太陽誘電 | 62,753 | 2,040.00 | 2,134.00 | 2,038.00 | 2,107.00 | — | — |
| 24 | 86010 | 大和証G | 62,357 | 462.50 | 474.90 | 461.40 | 473.70 | — | — |
| 25 | 80020 | 丸紅 | 58,428 | 698.40 | 713.70 | 695.00 | 713.70 | — | — |
| 26 | 67400 | JDI | 57,929 | 74.00 | 74.00 | 72.00 | 73.00 | — | — |
| 27 | 27680 | 双日 | 56,786 | 340.00 | 344.00 | 339.00 | 343.00 | — | — |
| 28 | 34020 | 東レ | 55,827 | 747.10 | 764.80 | 740.40 | 763.60 | — | — |
| 29 | 29140 | JT | 54,563 | 2,424.00 | 2,454.00 | 2,417.00 | 2,452.00 | — | — |
| 30 | 67520 | パナソニック | 53,494 | 897.70 | 922.80 | 894.60 | 917.80 | — | — |

## 市場が開く前の「板」をチェック

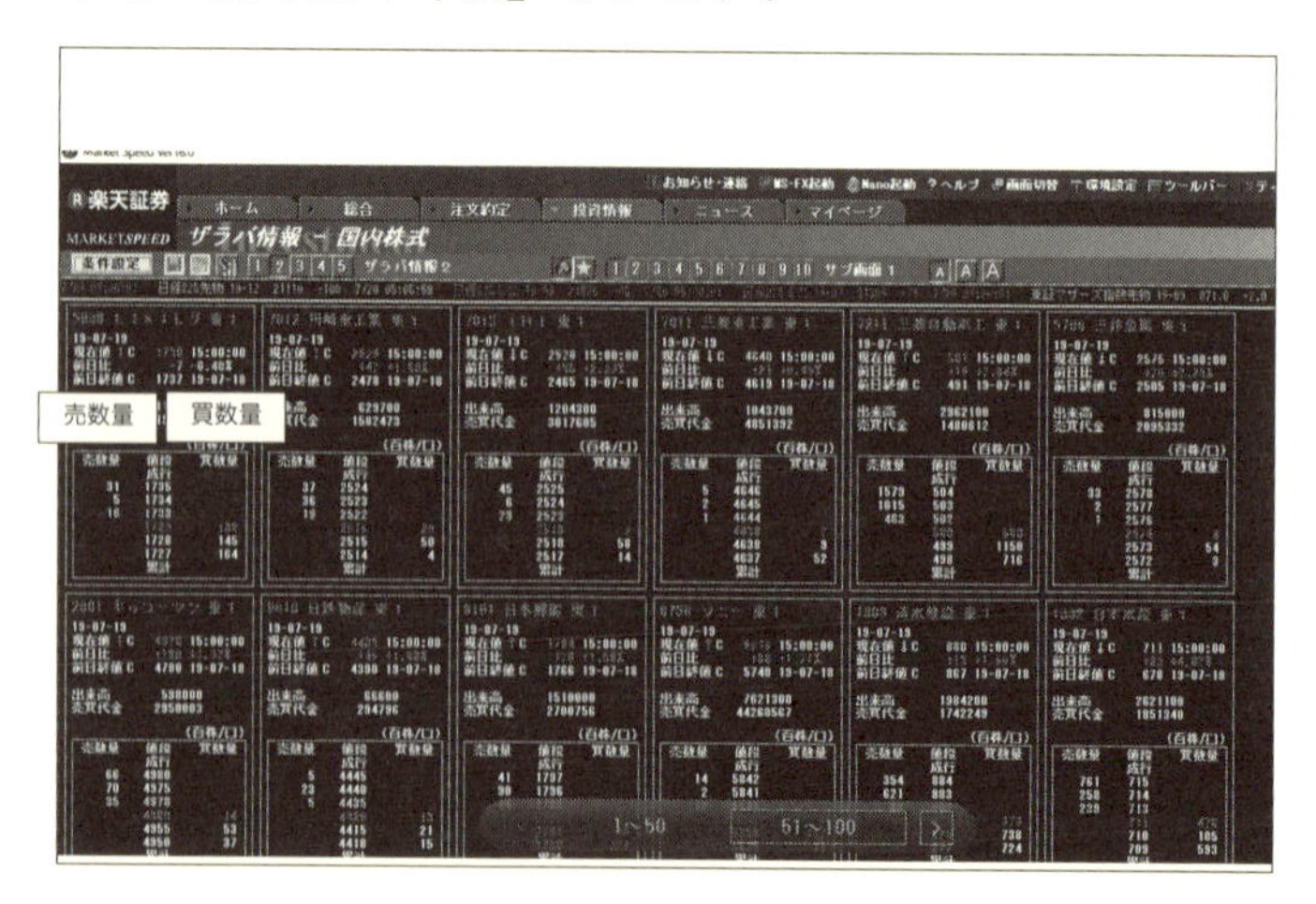

## チャート勘を身につけたいとき必ずやるべきシンプルな方法

今ではローソク足やチャートなどはスマホやパソコンで簡単に閲覧できるようになっています。私が証券会社に入社したころはそのようなものはなく、従って、ローソク足は自分で書いたものです。

みなさんにも、**自分でローソク足を書いてみることをお勧めします**。

書き方は簡単です。始値、終値、安値、高値が分かればすぐ書けます。

それを2、3銘柄、それも自分が投資したいと思っている銘柄のローソク足1年間分ぐらい書いていきます。するとその銘柄の値動きの特徴のようなものがだんだんわかってくるようになります。

陽線が3日続くとさらに上昇する、上昇が続き上ヒゲが長いローソク足が立ったら、そろそろ天井、下落に転じる、上昇はゆっくりだが、下落はあっと言う間だ、同じ値幅で上下する局面が長い、高値・安値はいくら……などなど、株価の動きの傾向がわかってくるでしょう。

するとどこで買って、どこで利益確定をすればいいのか、売買のタイミングがつかめるようになってくるものです。

スマホやパソコンのモニター画面で見ているだけでは、上昇か、下落かというトレンドや値動きがわかっているようで実はわかっていないこともあります。

なんでもデジタルにまかせるのではなく、**ちょっとアナログ的なアプローチをしてみるのも面白い**のではないでしょうか？

## 何度だって言います！初心者は自信を持ちすぎてはいけない

証券会社によってはトレードのシミュレーションをツールとして提供しているところがあります。

実際にお金を投入する前のシミュレーションは必要でしょうか？

しないよりはした方がいいでしょう。しかし、**シミュレーションと実際のトレードとは違います**。

シミュレーションでは損を出しても、ケガを負うことはありません。ですから、気軽に売買できるはずです。しかし、自分のお金を投じるとなると緊張もしますし、エントリー後はその銘柄の値動きが気になって仕方なくなるものです。

株を初めて買うのには勇気がいるのです。ファンダメンタルズや自分が信じるテクニカルなどで、これを買おうと決心した銘柄のはずなのにお金を投資するとなると迷いも生じます。

そこは決断するしかありません。

実際に買ってみなければ自分のメンタルがどう動くのかもわかりません。

ですから、いくらシミュレーションでうまくいっても実戦とは違うと思ってください。

そんなことはないと思いますが、いちばん心配なのはシミュレーションで自信過剰になってしまうことです。

自信をもって投資するのはいいのですが、自信を持ちすぎるのはよくないのです。

少し、古い話になりますが、２０１１（平成23）年、オリンパスの粉飾決算が判明し、11月に株価が暴落したことがあります。私はそのニュースを知っても、短期で利益を上げられると思い、オリンパスを買いホールド。１０００円台を行き来していた株価があっと言う間に１０００円を割り、４００円台にまで下がったのです。そのさなかに、１０００万円近い損失を出してしまいました。（次図）

当時発行されていた情報誌『ＦＡＣＴＡ』の記事で私はこの粉飾決算を知ったのですが、「下落はするものの、すぐ株価は持ち直すだろう」と、当時の私は甘く見ていた気がします。以来、その失敗を繰り返さないよう、自信を持ちすぎないよう気をつけています。

## オリンパス株暴落では売るに売れず800万円近い損失

11/8を境に1000円台を割る

| 日付 | 始値 | 高値 | 安値 | 終値 | 出来高 | 調整後終値* |
|---|---|---|---|---|---|---|
| 2011年11月21日 | 705 | 725 | 684 | 725 | 15,605,400 | 181.25 |
| 2011年11月18日 | | | | | 0 | 156.25 |
| 2011年11月17日 | | | | | 0 | 186.75 |
| 2011年11月16日 | 740 | 740 | 650 | 740 | 47,118,700 | 185 |
| 2011年11月15日 | 640 | 640 | 640 | 640 | 275,100 | 160 |
| 2011年11月14日 | 540 | 540 | 540 | 540 | 992,000 | 135 |
| 2011年11月11日 | 436 | 535 | 424 | 460 | 83,017,200 | 115 |
| 2011年11月10日 | 484 | 484 | 484 | 484 | 1,724,800 | 121 |
| 2011年11月9日 | 584 | 584 | 584 | 584 | 21,812,500 | 146 |
| 2011年11月8日 | 734 | 771 | 734 | 734 | 42,833,100 | 183.5 |
| 2011年11月7日 | 1,076 | 1,099 | 1,033 | 1,034 | 15,772,300 | 258.5 |
| 2011年11月4日 | 1,195 | 1,198 | 1,055 | 1,118 | 19,650,100 | 279.5 |
| 2011年11月2日 | 1,220 | 1,229 | 1,200 | 1,200 | 6,957,800 | 300 |
| 2011年11月1日 | 1,202 | 1,231 | 1,194 | 1,206 | 9,898,700 | 301.5 |
| 2011年10月31日 | 1,131 | 1,249 | 1,131 | 1,210 | 20,835,600 | 302.5 |
| 2011年10月28日 | 1,258 | 1,290 | 1,188 | 1,217 | 41,932,200 | 304.25 |
| 2011年10月27日 | 1,189 | 1,388 | 1,170 | 1,355 | 74,946,800 | 338.75 |
| 2011年10月26日 | 1,165 | 1,189 | 1,060 | 1,099 | 38,174,100 | 274.75 |
| 2011年10月25日 | 1,100 | 1,209 | 1,072 | 1,189 | 44,343,900 | 297.25 |
| 2011年10月24日 | 1,227 | 1,239 | 1,012 | 1,099 | 61,303,900 | 274.75 |

「株価は持ち直すだろう」と判断してもいいですが、
そのときは根拠を必ず持つようしてしてください

## エントリーから利益確定まで必ずノートに書き記しておきたいこととは？

勇気をもって買いエントリーしたら、トレードの過程をノートに記録してほしいと思います。以下のような項目を書けばいいでしょう。

○その銘柄を買った理由
○買った株価
○その日はどのような銘柄が買われていたのか、相場全体がどのような動きだったのか
○利確あるいは損切りした株価とその理由
○トレードを振り返って良かった点、悪かった点、反省点

たとえば相場の動きですが、「日経平均が落ちているが、売買代金は変わらない。

新興市場や低位株（株価の安い株）が盛り上がっていた」と書いておくと、同じような状況になったとき、資金はどこに向かうのか推測することができます。

つまり、ずっと日経平均が下落しているような状況に直面したらノートをみて同じような状況を探します。そして、「新興市場や低位株が盛り上がっていた」というコメントを見つけたら、そこに目を向けてみようというヒントになります。すると、大型株が軒並み下がっているときでも、新興市場でトレードして利益を上げることもできるのです。

トレードを振り返るのはとても大事です。

ここで注意したいことがあります。振り返るというと「反省＝悪かったところ」となって、そればかりを書き連ねる人がけっこういます。

確かに欠点を見つめなおすのは大切です。しかし、そればかりではダメなのです。**成功体験も投資で勝つためには重要なポイント**になります。成功の理由は次のトレードにも有効だからです。

利益を出せた銘柄は業績が良かった、需給が良かった、トレードでは株価の動きにうまく乗れた、利益確定が早めにできた……などなど、良かった点を書いておけば、次の投資活動に生かせます。

損失を出したとしても、損をした理由を反省したうえで、もし、損を大きくせずに撤退できたなら、損切りがうまくできたという成功体験のひとつになります。

悪かった点ばかり書いて、自分を責めていたのではトレードが楽しくなくなってしまうでしょう。

自信過剰になってはいけませんが、「うまくいった！」という成功体験が、次へつながるのです。

このようなノートは自分の成長記録にもなります。1年目より、2年目、それより3年目と初心者から中級、上級者へと成長していく自分を自覚できるのも投資活動の楽しみのひとつになるはずです。

## コラム　大きな利益も得られるが、リスクも大きい信用取引

信用取引について、もう少し説明しておきましょう。

信用取引は証券会社に担保を預け、資金や株を借りる制度とお話しました。預けた担保は「委託保証金」といいますが、その額の約3倍まで借り入れが可能です。最低委託保証金は30万円ですから、30万円を担保にすれば90万円の資金が得られます。

信用取引に対し、自己資金で売買をすることを「現物取引」といいます。

さて、**信用取引では、資金を借りるのですから、資産状況や取引経験などの審査が必要ですし、金利、手数料などのコストがかかります。**

信用取引では株を借りて空売りができます。空売りは下落局面でも利益が出せる投資手法です。高く売って安く買戻せば、その差額が利益になるからです。ですから、株価が下がれば下がるほど利益が上がるということです。

空売りができるのは「貸借銘柄」に指定されている銘柄に限られます。東証一部・二部に上場している銘柄はほとんどが貸借銘柄です。信用買いにしろ、空売りにしろ、少ない資金で3倍の取引ができるので利益も大きいのですが、損失も3倍になります。

特に**空売りは信用買いよりも非常に高いリスクがかかります**。

株価が下落すれば利益が出ますが、もし、上昇してしまったら、それが損失になるからです。

信用買いでは下落が損失になりますが、その損失は最悪の場合、信用買いした銘柄が倒産しても買値の額がゼロになるだけです。500円で買った株が0円になるということです。

しかし、空売りは違います。上昇に限りはありません。500円で売った銘柄が上昇を続け、1000円、2000円、10倍になることすらあります。損失に限りがないのです。実際には損失が膨らむと証券会社から追加の保証金（追証）を差し出すように要求され、それができないと強制的に持ち株を決済されてしまうのですが。

それでも強制決済を逃れようと追証に応じ、さらにまた追証を要求され、損失がどんどん膨らんでいく例は珍しくありません。

信用取引の口座を開くには審査が必要ですが、もし、審査を通っても、リスクについてはきちんと理解したうえで利用しましょう。

特に空売りをするには充分に投資経験を積んでからにしたほうがよいでしょう。

第4章

# 資産管理とリスク管理
# ど素人でもできるシンプルなルール

# 株にマイナスはつきもの「買った瞬間から損をしている」と考える

投資で利益を上げるためには安く買って高く売ればいいのです。

実にシンプルですね。

ところがこれが難しい。

常に安く買って高く売るなんて100％不可能といっていいでしょう。

株にはマイナスがつきものと思ってください。**ある銘柄を買った瞬間、すでにマイナスなんです。**

そんなバカな！

そう思いますか？

でも、ちょっと考えてみてください。株を買えば手数料がかかります。ネット証券で安いといっても数百円の手数料がかかっているはずです。もし、対面で売買をしているなら2000数百円の手数料がかかると思います。

買った株を同値で売却したとしても手数料分はマイナスになるのです。どうでしょう。買った時点でマイナスという意味がわかりましたか？

ですから、株には損失はつきものと考えて行動しましょう。その損失をいかに抑えられるかが、投資の明暗をわけるのです。利益を出しても、それ以上に大きな損を出したのでは無意味です。

**リスク管理をしっかりしなければトータルで利益を出すことはできない**ということです。

## 「頭と尻尾はくれてやれ」この格言の真意とは？

エントリーして株価が順調に上昇していけば、だれでも嬉しいでしょう。しかし、上昇は永遠に続きません。

いつか下落に転じるはずです。その前に利益を確定したいですね。

少しでも高いところで売却したいと思うのは当然です。

相場の格言に「頭と尻尾はくれてやれ」というのがあります。底値で買って、天井で売るなど無理な話なのでそこそこで買って、そこそこで利確しなさい、底値や天井圏にこだわるのはやめなさいといっているのです。

このような格言ができるほど利確は思っている以上に難しいものです。1円でも高く売ろうと思っている間に下落してしまうことすらあります。

では、利確は何を目安にするのでしょう？

たとえばエントリーしたときに目標額を決めてしまう方法もあります。5000円分上がったら利確、株価の5％上がったらなどと具体的な数字を決めてしまうのです。

また、自分の信じているテクニカルでそろそろ天井を示すサインを目安にしてもいいでしょう。

いずれにせよ、**利確はエントリーしたときの株価を考慮して考えることも大切**です。すでに高値で買っていたら、早々に売却したほうがいいですし、底値付近でエントリーしたのなら多少の上下に動揺せず、保有を続けるのも正解です。

初心者には株価の動きを読んで利確をするのは難しいかもしれません。

当たり前の話ですが、利確に決まりはありません。しかし、株価が上がって含み益が増えただけでは利益は確定しません。売却して利益を確実にして初めて利益確定になるのです。

50万円の資金を投じて、1ヵ月間で1万円儲かれば2％の上昇率、貯金よりずっと有利です。そう考えるとあまり欲張らずに利確した方がいいと思いませんか？

頭としっぽを食べようとしてはいけない

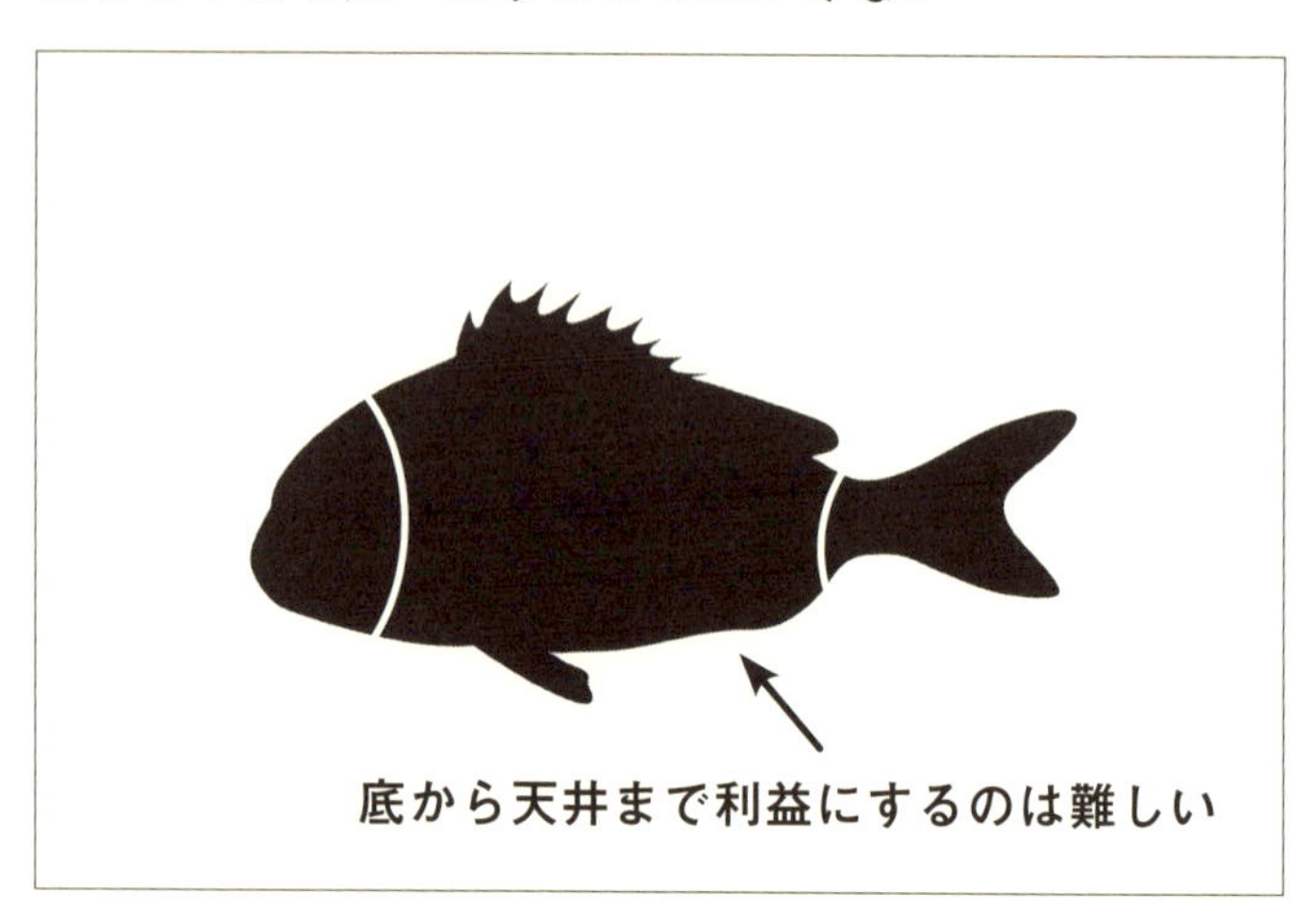

## 時価総額から売り時を考える方法

時価総額という言葉を聞いたことがあると思います。時価総額はその企業の規模を表しています。

上場企業なら公表されている発行済株式数にその時点での株価をかけて表します。たとえば発行済株式数1万株で株価1000円なら、1万×1000＝1000万が時価総額です。

**時価総額は株価によって変化**します。

時価総額が大きな企業は発行済株式数も、取引の量も多いことになります。あまりにも時価総額が小さい銘柄だと発行している株数も、取引の量も少なく、買いたい時に買えなかったり、売りたい時に売れなかったりすることがあります。

**初心者なら時価総額250億円以上の時価総額の大きな銘柄のほうが売買しやすい**でしょう。

ただ、時価総額が大きすぎると株価も大きく動かない傾向もあります。たとえば、株価が2倍、3倍に伸びるのは時価総額が小さな銘柄です。株価が2倍、3倍になれば時価総額も2倍、3倍になります。時価総額50億円ほどの銘柄なら、株価2倍で100億円、株価3倍で150億円ですから、株価が倍になる可能性は充分あるといえます。

**エントリーする時には時価総額もチェック**してはどうでしょう。

この**時価総額から利確を検討**することもできます。

出来高が増え、株価が上昇すると、それに連れて時価総額も上がっていきます。

時価総額が100億円以下の銘柄なら、100億円ぐらいが節目になります。株価が上昇して100億円近辺までいけばいったん利確を考えるのです。

エントリーも、利確も、時価総額を参考に検討することをおすすめします。

毎日、変化していく時価総額はYahoo! ファイナンスの「株式ランキング」から「出来高」タブにアップされている参考指標でチェックできます。（次図）

## 時価総額はＹａｈｏｏ！ファイナンスの「出来高」にアップ

シェア　ツイート

| 順位 | コード | 市場 | 名称 | 取引値 | | 発行済み株式数 | 時価総額（百万円） | 単元株数 | 掲示板 |
|---|---|---|---|---|---|---|---|---|---|
| 1 | 7203 | 東証1部 | トヨタ自動車(株) | 15:00 | 7,383 | 3,262,997,492 | 24,090,710 | 100 | 掲示板 |
| 2 | 9432 | 東証1部 | 日本電信電話(株) | 15:00 | 5,320 | 1,950,394,470 | 10,376,099 | 100 | 掲示板 |
| 3 | 9437 | 東証1部 | (株)ＮＴＴドコモ | 15:00 | 2,845.5 | 3,335,231,094 | 9,490,400 | 100 | 掲示板 |
| 4 | 9984 | 東証1部 | ソフトバンクグループ(株) | 15:00 | 4,295 | 2,089,814,330 | 8,975,753 | 100 | 掲示板 |
| 5 | 6758 | 東証1部 | ソニー(株) | 15:00 | 6,510 | 1,272,042,340 | 8,280,996 | 100 | 掲示板 |
| 6 | 6861 | 東証1部 | (株)キーエンス | 15:00 | 66,440 | 121,603,842 | 8,079,359 | 100 | 掲示板 |
| 7 | 8306 | 東証1部 | (株)三菱ＵＦＪフィナンシャル・グループ | 15:00 | 546.9 | 13,667,770,520 | 7,474,904 | 100 | 掲示板 |
| 8 | 9983 | 東証1部 | (株)ファーストリテイリング | 15:00 | 68,260 | 106,073,656 | 7,240,588 | 100 | 掲示板 |
| 9 | 9434 | 東証1部 | ソフトバンク(株) | 15:00 | 1,501 | 4,787,145,170 | 7,185,505 | 100 | 掲示板 |
| 10 | 9433 | 東証1部 | ＫＤＤＩ(株) | 15:00 | 2,973 | 2,355,373,600 | 7,002,526 | 100 | 掲示板 |
| 11 | 4661 | 東証1部 | (株)オリエンタルランド | 15:00 | 16,780 | 363,690,160 | 6,102,721 | 100 | 掲示板 |
| 12 | 4502 | 東証1部 | 武田薬品工業(株) | 15:00 | 3,829 | 1,576,356,908 | 6,035,871 | 100 | 掲示板 |
| 13 | 6098 | 東証1部 | (株)リクルートホールディングス | 15:00 | 3,418 | 1,695,960,030 | 5,796,791 | 100 | 掲示板 |
| 14 | 7267 | 東証1部 | ホンダ | 15:00 | 2,909.5 | 1,811,428,430 | 5,270,351 | 100 | 掲示板 |
| 15 | 7974 | 東証1部 | 任天堂(株) | 15:00 | 39,060 | 131,669,000 | 5,142,991 | 100 | 掲示板 |

時価総額から利確目安を考えるのも手段の１つです

## ダメなときはダメ
## 3割分の銘柄が上がれば十分と考える

ちゃんと利益を上げている投資家はリスク管理が上手です。

「買えば下がり、売れば上がる」。

投資を始めると、そんな局面に何度か、ぶつかるはずです。誰もが、儲かりたくて投資をしています。損をしたくて株を買っている人なんていません。

儲かりたい気持ちは当然です。

しかし、自分が買った株が全部、上昇するとは限りません。50銘柄を選んで、50銘柄すべてが上昇することはまずないでしょう。

**3割分の銘柄が上がれば十分**。それ以外は下がるということです。ですから、トータルで利益を上げるには、いかに損失を少なくするかにかかってきます。

損を最小限に抑えるためにするのが損切りです。

トレードを長年していると、相場全体が不安定で下落基調、何を買えばいいのか迷ったり、何を買っても予測がはずれてしまったりするようなときもあります。ダメなときはダメなのです。そんなときは投資活動を「休む」という選択肢もあります。

トレードに嵌ってしまい、いつも売買をしていないと不安だという人がときどきいます。不調を感じているときにトレードしても損を重ねるばかりです。少し、トレードを休んで冷静になることも損失を抑えるためには必要です。

トレード中毒になると冷静な判断ができず、一気に資産を溶かすことがあります。「休む」のも立派な選択肢です。

## それでもできない人のためのシンプルな損切りルール

投資では利益を上げていくには、いかに損を抑えるか、リスク管理が大事です。**最大のリスク管理法は損切り**です。損切りは損が出ている株を売却して損失を確定させることをいいます。そのまま保有していたら、損失額が膨らむと判断して、損失額が少ないうちに売却してしまうのです。

誰もが損切りの重要性は知っています。しかし、実際にできるかというと、とても難しいものです。

自分が上がると信じて買った株が下がったら、ショックを受けても当然です。そして、「持っていればまた上がる」と希望を抱くのも無理からぬことと思います。特に自分が興味を持った銘柄で業務内容や、業績を自分なりによく調べて納得して買った銘柄となると損切りが遅れたり、なかなか損切りできなかったりするものです。そこでグズグズと引っ張ってしまうと結局は売るに売れず、いわゆる塩漬けになってしまうこともあります。

ではいくらぐらい損が出たら、損切りが必要でしょうか？

よく株価の10％下がったら損切りといいますが、そうとは限りません。その人の資金力によるからです。なかには１００万円の資金が50万円になっても構わないという人もいます。

自分自身の許容範囲内で決めればいいでしょう。２万円以上損したら、耐えられない人は２万円、５万円まで大丈夫なら５万円というように決めていくのです。もちろん、10％を損切りの目安にしてもかまいません。

ただ、どのように決めたにせよ、損失額が大きくなるとそれを取り戻すのは大変だと思ってください。

**損切りを決めたら、ルールを必ず守りましょう。例外をつくってはいけません。**株価が損切り額までできたら、損を認めて、潔く撤退しましょう。

## 損切りした銘柄のその後の株価を見続けるべき理由とは？

損切り後に、その銘柄の株価がどのように動くかをチェックしない人が、かなりいます。早く損を忘れたい、損切り後に上がっていたら悔しい……などなど、理由はいくつかあるでしょう。

しかし、損切り後に株価をチェックしないとせっかくのチャンスを逃してしまうこともあるのです。

自信があって買った銘柄なら、下がった理由を考えてみます。理由によっては、再度購入して、儲けられるチャンスがあるからです。

理由が業績悪化なら、なかなか株価は上がらないかもしれません。

しかし、高値でつかんでしまった、買い残が多く、需給が悪かったなど**業績とは関係がない理由で下がってしまったのなら、下落から上昇へ転じる可能性があります。**

ローソク足が下落から横ばいになって上昇に転じたあたり。ここで買って上昇すれば損を取り戻せる理想的なシナリオになります。

とはいえ、少し上がって再び横ばい、あるいは下落というケースもありますから、要注意です。

**利確したあとも、その銘柄の動きをチェックしましょう。押し目買いができるチャンスがあるからです。**

上昇を続けてきた銘柄は出来高も増えています。するとまとまった利確売りが出て、株価が一時的に下落することがあるのです。これを押し目といいます。

売りをこなしながら、上昇していきますから、押し目で買えばまた利益を出せる可能性が高いのです。

# 損を拡大させないためのシンプルなナンピン・ルール

株価が下がり、損失が増えてくるとナンピン（難平）買いをしたくなるかもしれません。ナンピン買いは保有している銘柄の株価が下落したときに買い増しをして平均単価を下げるという手法です。

1株、株価1000円で買った銘柄が800円に下がったとき、もう1株買い増しをします。すると1株の単価は1800円÷2＝900円になります。これがナンピンです。

しかし、ナンピンにはリスクがあります。ナンピン後、株価が上がればいいのですが、さらに下落すれば損失もさらに増えます。それに損失を抱えているというメンタルはあまりよいものではないと思います。

**ナンピンより、むしろ一度、損切りをして、下落から上昇を始めたら、再度、エントリーすることをお勧め**します。

# 長い休暇の前にはいったん手仕舞いするのもアリ

元号が平成から令和に変わった5月は10連休という大型連休になりました。その間は当然、市場も連休です。

そこで私は連休前に持ち株をすべて売却して手仕舞いしました。連休中にどのような事件が起こるかわからないからです。

かつて2001（平成13）年9月にはアメリカ同時多発テロ事件が起き、2011（平成23）年3月には東日本大震災がありました。

日本だけでなく、世界中で何が起こるかわかりません。もし、大事件が連休中に起きて、市場が休みだったら、その間は対処が何もできません。

**長い休暇の前に手仕舞いをしておくというリスク管理法もある**のです。

連休だけでなく、週末は持ち越さないという人もいます。土・日曜日に何が起こるかわからないので金曜日に手仕舞いをしてしまうわけです。

## 儲ける以前に重要なたったひとつの投資スタイルとは？

ここまでエントリーから利益確定、リスク管理までをお話ししてきました。

リスクを抑え、コンスタントに利益を上げている投資家をみると、自分の投資スタイルを持っている人が多いように思います。

自分の投資スタイルを作るのは経験を積まないとなかなか難しいのですが、最終的に**投資スタイルを確立できた人は強い**といえます。

たとえば保有期間については1日でトレードを完結させるデイトレードから、1週間の短期、3ヵ月から半年の中長期、年単位の長期とさまざまです。デイトレードは兼業には不利という人もいますが、サラリーマンでもデイトレードをして、利益を上げている人もいます。

バリュー投資、グロース投資といった投資スタイルもあり、SNSなどではどちらが有利なのか、議論をする人もいます。

しかし、投資スタイルに決まりはありません。短期でも、バリュー投資でも、自分の資金やライフスタイルにあった投資法なら、どれでもいいのです。

**私の投資スタイルは「損をどれだけ食い止めるか」「損を大きくしない」というスタイル**です。

そのためにはリスク管理は当然ですが、世界の株価が大幅に下落傾向にある時は、不透明な売買が増える、ということを頭に入れておくことです。たとえばニューヨークダウが不安定で大きく下げた翌日、日経平均も下落しているような相場環境のなかには入っていかないということです。市場は年間200日ほどの営業日数があります。その200日全てが下落するわけではありません。どこかで上がるはずです。

ですから、少し相場環境がよくなったとき、株価が戻りかけたときなどに入っていく、1、2歩遅れて入るようなスタイル、なるべくリスクを回避する投資スタイルをとっているのです。みなさんにも投資の経験を積んで、自分のスタイルを築いてほしいと思います。投資に損はつきものと自覚してトレードをする。そして損を大きくしないようリスク管理に気を配る。そのうえで自分の投資スタイルが築ければ勝てる投資家に成長できると思います。

## コラム　バリュー投資とグロース投資

ファンダメンタルズ分析を用いた投資手法に**バリュー投資とグロース投資**がありま
す。２つの投資法を解説しましょう。

### バリュー投資

バリュー投資は**現在の株価がその企業の資産や業績などに対して割安と判断した銘柄に投資して、上昇するのを待って売却、利益を得る**という投資です。

割安かどうかはＰＢＲ（株価純資産倍率）やＰＥＲ（株価収益率）によって判断します。その両者が低い銘柄に投資することになります。

ですから株価が高値のときに購入する確率は低く、したがって株価の下落も限定的といえます。

**バリュー投資の難しさはその銘柄が本当に割安かどうかの判断**です。

PER、PBRの数値だけで割安とはいえないケースもあるからです。業績が悪くて低い場合もあります。それでは割安とはいえません。

また、なかには業績がいいにもかかわらず、買い需要が少なく割安のまま放置されている銘柄もあります。そのような銘柄はいつまでも待っても、割安のまま。なかなか株価が伸びないこともありうるのです。

## グロース投資

グロース投資は**将来の成長性や収益性に比べて、現在の株価が割安と判断できる銘柄に投資する成長株投資です。未来の成長性に投資する**といってもいいかもしれません。予測通りにその銘柄が成長すれば株価が数倍の上昇になることもあります。

成長性は、まずは売上高、利益から判断します。売上高、営業利益、経常利益、当期純利益が毎年増加し、来期以降も増加予想になっている銘柄なら理想的といえるでしょう。

指標としてはROE（自己資本利益率）が高い銘柄を探します。PER、PBRの数値が多少高くても、あまり気にしません。

これから成長する企業ですから、時価総額は低く、新興市場が銘柄探しの中心になります。

グロース投資のデメリットは未来に投資する難しさにあります。成長が停滞すれば株価の伸びも鈍化します。そして、鈍化に対する失望感から投資家の売りを誘い、一気に株価が下落することもありますし、倒産の危険性も否定できません。

## バリュー投資かグロース投資か

**どちらも株価が割安なときに購入する必要があることは共通しています。そして、**

**成果を上げるまでには多少の時間がかかります。**

リスクに関してはグロース投資のほうがバリュー投資より高いといえるでしょう。バリュー投資は現在の業績を見極めて投資するのですから、リスクはあっても限定的です。反対にグロース投資は成長が鈍化したとき、相場全体の環境が悪くなったときにも大きく売られるリスクがありますし、倒産するリスクはバリュー投資より高いといえます。

しかし、バリュー投資では3倍、5倍といった株価の伸びはあまり期待できませんが、グロース投資には大きな利益が期待できます。

どちらにもメリット、デメリットがあり、どちらが優れているとはいえません。

両者を充分、理解して、投資の参考にしてください。

# おわりに

## 用意された正解を求めず、自分のスタイルを確立する

証券会社を辞職したとき、私は株取引を辞めようとは思いませんでした。

その理由は簡単です。

「株が好き」だからです。

トレードをして、自分の予測通りに株価が動き、大きなリターンが得られたときには嬉しさと同時に達成感もあります。証券会社に勤務していたときには数千万円の資金を動かせるトレードに醍醐味も感じていました。

しかし、株が好きになったのはそういった金銭面だけではありません。金銭に勝るとも劣らない魅力が株取引にはあるのです。

会社員時代には先輩、同僚、後輩とさまざまな人と知り合い、彼らから、取引の技術面だけでなくメンタル面も学び、自分自身も成長しました。その人間関係は今も私

の宝物になっています。

そして、株取引を通し、視野を広げることもできました。相場の動きは政治経済、世界情勢と無関係ではありません。本書でもお伝えしたように金利政策や外交、国策が株価に影響を及ぼします。ですから、トレードをしているとおのずと視野が広がっていくのです。

国策を調べていくと税金の使われ方、相場に流入する資金の供給先が日本銀行であったり、年金であったりと私たちがこの国で暮らす以上、知っておくべき経済状況もわかるようになります。

みなさんにも単に「儲かる、儲からない」だけではない株取引の奥深さや魅力を知っていただきたいと思います。

さて、投資の手法としては本書でとりあげたファンダメンタルズ分析、テクニカル分析、バリュー投資、グロース投資など数多くの手法があります。

どの手法が今の相場にあっているのか？

よく議論されていますが、どれにもメリット、デメリットがあります。ですから、優劣はつけられません。

人によって資金も違えば、リスクの許容度も違います。自分にあった手法で投資をすればいいのです。

本書でお伝えしたことはひとつのヒント、提案であって、絶対、これしかないというものではありません。

投資のスタイルは自由です。状況に応じて、ファンダメンタルズとテクニカルをうまく使い分けてもいいと思います。

ただ、いえることは自分のスタイルを確立した投資家は強いということです。スタイルを確立するには経験を積むしかありません。本を何冊読んでも、シミュレーションを重ねても、それだけではだめなのです。実際の相場の世界に入らなければ自分のスタイルを確立することも、相場の魅力も、醍醐味も感じることはできません。

本書が、株式投資の素晴らしさ、魅力を知っていただけるきっかけになればと思います。そして、勝てる投資家へ成長していく一助になれば幸いです。

2019年11月

個人投資家 たけぞう

最後に重要な株式用語を確認していきます。
知識の再確認をしていただけると幸いです。

# これだけ株式用語

投資関連のさまざまな情報やレポートを読むさい、よく使われる証券用語のごくごく基本的な用語集です。

## あ行

**IPO（アイピーオー）(Initial Public Offering)**

新規公開株式を公募したり、売り出したりすること。その際、初値が公開価格を上回ることが多く、人気になっている。2018（平成30）年6月19日、フリマアプリのメルカリ（4385）が東証マザーズに上場。公開価格3000円に対し、それを67%も上回る5000円の初値をつけ、話題になった。

**赤三兵**（あかさんぺい）
酒田五法のひとつで、上昇トレンドでローソク足の陽線が3本連続すること。反対に下降トレンドで陰線が3本連続するのを黒三兵という。

**悪材料**（あくざいりょう）
決算の下方修正、赤字転落、無配、粉飾決算、不正な業務、虚偽表示、事故やリコールなど、株価下落の要因となる情報やニュースなど。その反対が好材料。

**一段高**（いちだんだか）
上昇した株価がさらに高くなることをいう。その反対は一段安。

**往ってこい**（い）
1日、1週間など一定の期間内で上昇した相場や下落した相場が元の水準に戻ること。

**イナゴ投資家**

値上がりが予想される銘柄にいっせいに飛びつき、素早く利確し、次の銘柄に移ってしまう短期投資家。

**売り抜ける**

保有銘柄の株価が下落する前に売却すること。

**上値**（うわね）

現在の株価より高い価格のこと。ある程度まで上昇したものの、そこからなかなか騰がらない時に「上値が重い」などという。その反対が下値。下落したが、そこから下がらない時には「下値が堅い」などという。

**営業利益**（えいぎょうりえき）**と経常利益**（けいじょうりえき）

営業利益とは売上高から人件費、材料費、宣伝広告費などの諸経費を差し引いたもの。本業で得た利益をいう。また、営業利益に利息などの営業外収益を加え、銀行に払う借り入れ利息などの営業外費用を引いたものを経常利益という。

**オイルマネー**

中東諸国の産油国が石油の輸出で得た利益のうち投資にあてる資金のこと。

**大引け**（おおびけ）

証券取引所でその日の最後の取引をいう。取引所の営業時間で9時〜11時30分を前場、12時30分〜15時を後場というが、大引けは後場最後の取引。また、取引時間はザラ場と呼ばれる。

**お化粧買い**（おけしょうがい）

「ドレッシング買い」ともいう。決算期末や月末に機関投資家らが保有銘柄の評価を上げるために買い注文を入れ、株価を上げる動き。しかし、実態は不明で期末に原因不明の上昇を見せた場合に「お化粧買いが入った」ということもある。

**押し目**(おしめ)

上昇トレンドの株価が利益確定の売りなどで一時的に下がった局面を押し目といい、そこで買いを入れることを「押し目買い」という。

**織り込み済み**(おりこみずみ)

株価の上昇・下落に影響を与えそうな好材料、悪材料が発表される前に予想され、すでに株価に反映されていること。

## か行

**買い方**(かいかた)

買い注文を入れている人、反対が売り方。

**外国人買い**

外国人投資家が日本株を買うこと。海外の投資信託、保険会社などの機関投資家や大口投資家による買いをいう。

**株式分割**

1株をいくつかに分割し、発行済株式数を増やすこと。たとえば1株を2株に分割すれば保有株数は2倍になるが、理論上は価値も半分になるので資産価値は変わらない。1株配当を据え置いたままの2分割なら、配当も2倍になる。

**機関投資家**

投資顧問会社、生命保険会社、投資信託銀行、年金基金など、顧客から拠出された資金を運用・管理する法人投資家。

**逆張り（ぎゃくばり）**

下落局面で買い、上昇局面で売る、相場のトレンドに逆らった投資法。反対に下落局面で空売りをし、上昇局面で買う、トレンドに従った売買を順張りという。

**権利確定日**（けんりかくていび）

株主に与えられる配当金、株主優待などをもらう権利が確定する日。この日、株主として株主名簿に記載されることで権利が確定する。

## さ行

**下げ渋る**（さげしぶる）

株価が下落しそうなのになかなか下がらない状況や下落トレンドが弱まった状況をいう。

**指値注文**（さしねちゅうもん）

売買注文を出すさい、価格を決めて発注すること。価格を決めずに発注することを成行注文という。

**材料出尽くし**（ざいりょうでつくし）

株価の動きに影響を与えるニュースや情報などがすべて公表され、それが株価に反映され、株価がさほど変動しなくなること。好材料出尽くしでは上昇の勢いが抑えられ、悪材料出尽くしでは下落に歯止めがかかる傾向がある。

**地合い**（じあい）

「地合いがいい」「地合いが悪い」という使い方をする。相場の状況をいう。

**自社株買い**（じしゃかぶがい）

株式会社が過去に発行した株式を株式市場から自社の資金で買い戻すこと。

**ストップ高**（すとっぷだか）

証券取引所では1日あたりの株価の変動幅を決めている。これを値幅制限というが、制限の上限まで株価が騰がることをストップ高、反対に制限の下限まで下がることをストップ安という。

**底入れ**（そこいれ）

相場が下がるだけ下がり、下げ止まった状態。大底が確認され、底を打ったともいう。

**損切り**（そんぎり）

買値より下落した保有株を、損を覚悟で売却すること。

## た行

**高値**（たかね）

高い状態にある株価。そのような高い状態で買うことを高値づかみ、終値がその日の高値をつけることを高値引けという。

**大納会**（だいのうかい）

年末の最終取引日。新年最初の取引日を大発会（だいはっかい）という。

**強含み**（つよぶくみ）
上昇が続き、高値にある株価が、さらに騰がりそうな気配を感じさせること。反対が弱含み。

**連れ高**（つれだか）
ある銘柄に好材料が出て株価が上昇したのにつられ、関連銘柄や同じ業種の銘柄も騰がること。反対が連れ安。

**TOPIX**（トピックス）
東証一部上場全銘柄を対象とする株価指数。単位はポイント。

## な行

**投げ売り**（なげうり）
下落相場中、さらなる下落で損失が見込まれる保有株を損を承知で売却すること。

**年初来高値**(ねんしょらいたかね)
その年で最高の株価。反対が年初来安値。

## は行

**初値**(はつね)
新規上場した銘柄が最初につけた価格。

**パフォーマンス**
運用実績、運用成果。「パフォーマンスがいい」、「悪い」などという。

**半値戻し**(はんねもど)
株価の下落後、下落した値幅の半分ぐらいまで上昇すること。反対に上昇後に上昇分の半値ぐらい下げることを半値押しという。

**反発**（はんぱつ）
下落が上昇に転じること。その反対に、上昇基調が下げに転じる反落という。

**ヘッジファンド**
個人や機関投資家から出資を受け、株式や債券、商品などに分散投資し、高い収益を狙う投資組織。

## ま行

**持合い相場**（もちあいそうば）
相場のトレンドがある一定の値幅で上下する横ばいの状態。

**戻り売り**（もどりうり）
下落局面で株価が一時的に上昇に転じ、ある程度、値を戻したところで売ること。

**銘柄**（めいがら）

証券会社を通して売買の対象となる有価証券や商品の名称。

**もみ合い**

売りと買いの両方が拮抗し、小幅な上げ下げを繰り返し、上昇か、下落か方向が定まらない状況。

**模様眺め**（もようなが）

相場の傾向がはっきりしないため売買が控えられている状態。

## や行

**約定**（やくじょう）

投資家が証券会社に出した株の売買注文が執行され、成立すること。約定できないときは「不出来」という。

## ら行

**両建て**（りょうだて）

信用取引で同じ銘柄で「買い建て」と「売り建て」の両方のポジションを持つこと。

**リーマン・ショック**

2008年、アメリカの大手投資銀行リーマン・ブラザーズが負債総額6000億ドル以上で倒産。史上最大級の規模という倒産を契機に世界的に発生した金融・経済危機のこと。

**狼狽売り**（ろうばいうり）

株価の急落や悪材料が出て、あわてて売り注文を出す投資行動をいう。

**たけぞう**

個人投資家。
1988年、中堅証券会社に入社、4年間の“場立ち”を経て、20年間以上、証券ディーラーとして活躍。多いときには約10億円の資金運用を託され、過呼吸になるような重圧と戦いながら約50億円の収益を上げる。2000年、光通信〈9435〉の20日連続ストップ安の記録的下落を直前で回避、2018年まで約30年間勤務したのち、独立して個人投資家に。
日常の生活実感から銘柄を絞り込む「アリの視点」と、国策から未来の投資キーワードを予測する「タカの視点」の２本を柱としつつ、徹底したリスク管理による投資法で着実に利益を積み重ねる。
「誰にでも、わかりやすく」にこだわり、ラジオ、セミナーなど多くの舞台で投資手法を伝え、一人でも多くの初心者が、株で収益を上げられるように日々活動を行っている。twitterのフォロワー数は約６万。
Twitter：@noatake1127
『たけぞうの50億稼いだ男のメルマガ』：
https://www.tradersshop.com/bin/showprod?c=2011367900009

◎執筆協力　小川美千子
◎編集協力　増島潮
◎装丁　大場君人
◎イラスト　高田真弓
◎校正　本創ひとみ
◎編集　荒川三郎

**50億稼いだおっさんが教える 月５万稼ぐ株投資**

2019年12月12日　初版発行
2020年3月6日　5刷発行

著者　たけぞう
発行者　常塚嘉明
発行所　株式会社 ぱる出版

〒160-0011　東京都新宿区若葉1-9-16
03（3353）2835—代表　03（3353）2826—FAX
03（3353）3679—編集
振替　東京 00100-3-131586
印刷・製本　中央精版印刷(株)



ISBN978-4-8272-1213-6 C0033